Reederei „Braunkohle"

BRAUNKOHLE I (II) [→ S. 89] hat 1966 in Bingen festgemacht.

Bernd Schwarz und Rolf Diesler

Reederei „Braunkohle"
Frachtschifffahrt auf dem Rhein

SUTTON ZEITREiSE

Seitenradschleppdampfer BRAUNKOHLE XVI – F.E. BEHRENS [→ S. 43] am 19. August 1953 mit leeren Kähnen (die beiden vordersten: LEIDEL 2 und LEIDEL 4) an der Loreley zu Tal. Den Schleppzug passiert das niederländische Motortankschiff ARABIA der Phs. van Ommeren's Scheepvaartbedrijf N.V., Rotterdam.

Einband vorn: Seitenradschleppdampfer BRAUNKOHLE IV – GUSTAV WEGGE [→ S. 93] im Juli 1957 vor Kestert zu Berg.
Vorsatz: BRAUNKOHLE XV – FRIEDRICH HASCHKE [→ S. 40] vor 1935 beim Bunkern.
Schmutztitel: Motortankschiff ORANJE 14 [→ S. 103] am 15. Oktober 1990 in Wesseling.
Nachsatz: Seitenradschleppdampfer BRAUNKOHLE III – FRIEDRICH KRUSE [→ S. 27] am 2. September 1952.
Einband hinten: Motorschlepper BRAUNKOHLE I (II) [→ S. 89] im August 1964 bei Gernsheim.

Impressum

Sutton Verlag GmbH
Arnstädter Straße 8
99096 Erfurt
www.suttonverlag.de

Copyright © Sutton Verlag, 2020
ISBN: 978-3-96303-143-4
Druck: Florjančič Tisk d.o.o. / Slowenien
Gestaltung und Herstellung: Sutton Verlag

Inhalt

Seitenradschleppdampfer BRAUNKOHLE XV – FRIEDRICH HASCHKE [→ S. 40] in der zweiten Hälfte der 1930er-Jahre vor Kaub und Burg Pfalzgrafenstein. Im Hintergrund ist Burg Gutenfels erkennbar.

Seitenradschleppdampfer BRAUNKOHLE III – FRIEDRICH KRUSE [→ S. 27] vor Oberwesel.

Vorwort

Die Reederei „Braunkohle" war mit dem Gründungsdatum 31. Dezember 1918 zwar ein relativ junges Unternehmen im Rheinverkehr, etablierte sich aber bald und stand mit seinem Schiffspark anderen großen Schifffahrtsgesellschaften in nichts nach. Eine Besonderheit bestand darin, dass sich die „Braunkohle" nur in geringer Konkurrenz zu anderen Reedereien befand, da sie hauptsächlich auf den Transport von Braunkohlenbriketts konzentriert war. Noch vor Ausbruch des Zweiten Weltkrieges begann auch die Treibstoffverschiffung. Nach 1945 folgten u. a. flüssige Chemikalien und Mineralien. Die Reederei ist inzwischen zwar Geschichte, ihr großer Name am Rhein aber unvergessen.

Das besondere Interesse des Schifffahrtshistorikers Gunter Dexheimer (1936–2018) galt diesem Unternehmen. Über viele Jahre hatte er hierzu einschlägige Schiffsregister ausgewertet sowie Informationen und Bildmaterial gesammelt. Sein Ziel war es, den Schiffen der „Braunkohle" ein Denkmal in Buchform zu setzen. Mit dieser Vorstellung trat er 1980 an die Reederei heran. Aber anstatt auf solch einen Enthusiasten zuzugehen, verweigerte man sich aus heute nicht mehr nachvollziehbaren Gründen. Nach dieser Enttäuschung sammelte Dexheimer zwar gezielt weiter, verfolgte aber keine konkreten Publikationspläne mehr. Über 20 Jahre später kam es dann zur Veröffentlichung dieser vorzüglich recherchierten Firmengeschichte:

- DRÖSSER, WOLFGANG: „Rheinbraun" in Wesseling. Blätter zur Geschichte der Stadt Wesseling Heft V. Hrsg. Verein für Orts- und Heimatkunde Wesseling e.V. 2003.

Der Autor beleuchtet darin viele Aspekte der Reedereihistorie und des Werdens des Hafens Wesseling. Nicht tiefgründig behandelt werden dort allerdings der Schiffspark und die ausländischen Tochtergesellschaften. Das soll mit vorliegendem Buch geschehen. Unser Band ist kein „Konkurrenzprodukt" zu Drössers Arbeit, sondern eine Ergänzung, die den speziellen Interessen von Schiffsfreunden entspricht.

Diese Publikation wäre ohne die umfangreichen Vorarbeiten Gunter Dexheimers nicht möglich gewesen. So konnten wir auf die von ihm übernommenen Negativbestände der inzwischen längst verstorbenen Rheinfotografen Fritz Bubenheim (St. Goar) und Siegfried Wilk (Ludwigshafen) zurückgreifen. Für die Bearbeitung standen uns weiterhin Informations- und Bildmaterialien der Herren Theodor Dorgeist (Telgte), Günther Lamek (Koblenz), Walter Laué (St. Goarshausen), † Werner Lautenschläger (Wesseling), † Detlev Luckmann (Eisenbahnstiftung), † Albert Matthieß (Biebesheim), Hans Renker (Koblenz), Friedel Schmidt (St. Goarshausen) und Gerd Schuth (Koblenz) zur Verfügung. Herr Wolfgang Drösser (Wesseling) stellte uns die Planskizze Rheinhafen Wesseling/Godorf zur Verfügung und Herr Adalbert Nieser (Pfatter) gewährte uns Zugriff auf den Fotonachlass von Erich Meng (Mannheim) und sah das Manuskript durch. Ihnen allen sei – z. T. nachträglich – gedankt.

Halle (Saale) und Bad Abbach, im Juni 2019
Bernd Schwarz und Rolf Diesler

Fahrzeugbeschreibungen

Die Anordnung der Schiffe erfolgt innerhalb der einzelnen Typen in chronologischer Reihenfolge. Aus Platzgründen werden die Fahrzeugbeschreibungen in Kurzform gebracht:

- Typ **NAME** (römische Ziffern: Reihenfolge bei Mehrfachverwendung der Schiffsnummern)
- Baujahr / Bauwerft, Bauort (Bau-Nr.) / Antriebsleistung; Länge x Breite. Für Breitenangaben bei Seitenraddampfer gilt: Breite über alles / Breite auf Spant.
- Schiffsschicksal, soweit ermittelbar.

Die Abmessungen sind auf eine Stelle nach dem Komma, die Antriebsleistungen ganzzahlig gerundet.

Bildnachweis

Die verwendeten Abbildungen sind Foto, Zeichnung bzw. Sammlung:

Wolfgang Drösser: S. 17; Armin Hummel: S. 113-0; Günther Lamek: S. 51-0; Werner Lautenschläger: S. 18-u, 47-0, 85-u; Detlev Luckmann (Eisenbahnstiftung): Einband vorn; Erich Meng: S. 26-u, 52-0, 55-0/u, 57-0, 58-0, 59, 60-0, 62-u, 64-u, 65-u, 70-u, 71-u, 80-u, 96-0, 99-0, 100-0, 101-0, 105-0/u, 110, 112-u, 113-u, 114-0; Adalbert Nieser: S. 34, 45-u, 49-0, 52-u, 53-m, 93, 107; Rheinisches Bildarchiv: S. 39-0; Friedel Schmidt: S. 24-0/u, 114-u; Gerd Schuth: S. IV–1, 35-u, 54-u, 61-0/u, 62-0, 63-0/u, 67, 68-0/u, 69-0/u, 70-0, 71-0, 90, 92-u, 97-0/u, 98-0/u, 100-u, 101-u, 102-0/u, 103-0/u, 104; Stadtarchiv Worms: S. 46-u; WSD Duisburg: S. 19, 20-0, 49-u, 95-u. Alle übrigen Abbildungen entstammen den Archiven der Verfasser.

Mittelschiff des Seitenradschleppdampfers BRAUNKOHLE IV [→ S. 93] zwischen 1936 und 1938.

1

Geschichte der Reederei

1876	Erste Brikettierung von Braunkohle.
1893	Gründung des *Vereins für die Interessen der rheinischen Braunkohlen-Industrie*.
1899	Gründung des *Verkaufsvereins der Rheinischen Braunkohlen-Brikettwerke G.m.b.H.* auf Initiative des Interessenvereins durch zehn rheinische Brikettwerke.
1902	Umwandlung des bisherigen Verkaufsvereins in die *Braunkohlen-Brikett-Verkaufsverein G.m.b.H.* (BBV) durch nun 21 Gesellschafter.
1902	Aufnahme des Bahntransports von Briketts zum Umschlaghafen Wesseling/Godorf.
1904	Einführung der Brikett-Einheitsmarke „Union" durch den Verkaufsverein.
1908	Die *Rheinische Aktiengesellschaft für Braunkohlenbergbau und Brikettfabrikation* (RAG) entsteht durch Zusammenschluss der Fortuna AG mit dem Gruhlwerk und der Grube Donatus.
1911	Mit dem Sauggasschlepper **UNION NO. 1** stellt der BBV sein erstes Schiff in Dienst. Das Sauggas wird aus Braunkohlenbriketts erzeugt.
1915	Umwandlung des BBV in die Vermögensgesellschaft *Vereinigungsgesellschaft Rheinischer Braunkohlenbergwerke m.b.H.* (Verges) und die *Verkaufsorganisation Rheinische Braunkohlenbrikett-Syndikat G.m.b.H.* (Syndikat). Daran sind u. a. die RAG und die Gewerkschaft Roddergrube beteiligt.
1918	Erwerb der Reederei *Tillmann Schürmann Söhne* durch die Verges. Insgesamt werden sechs Schleppdampfer und 25 Frachtkähne übernommen.
1918	Offizielle Gründung der *Vereinigungsgesellschaft Rheinischer Braunkohlebergwerke m.b.H., Abteilung Schiffahrt*, Köln-Wesseling, am 31. Dezember als Zweigniederlassung der Verges. Als Standort für die Abt. Schiffahrt wird Wesseling gewählt. Es beginnt eine umfangreiche Investitionstätigkeit in den Bau von Verwaltungs- und Werkstattgebäuden, Lagerflächen sowie Kai- und Hafenanlagen mit der notwendigen Umschlagtechnik. Zwischen 1919 und 1921 wird der Schiffspark um acht Schleppdampfer, drei Schleppkähne und ein Kranschiff erweitert.

1921	Ablieferung des Seitenradschleppdampfers **BRAUNKOHLE VI – FRIEDRICH HASCHKE** (I) und dreier Schleppkähne gemäß Art. 357 des Versailler Vertrages an Frankreich.
1921	Mit dem Seitenradschleppdampfer **BRAUNKOHLE XV – FRIEDRICH HASCHKE** wird der erste Dampferneubau in Fahrt gebracht. **BRAUNKOHLE XV** übernimmt von **BRAUNKOHLE VI** (I) den Zusatznamen.
1921	Erstmaliger Einsatz der sogenannten Bandtechnik – eine Weiterentwicklung aus dem Schiffsentladeverfahren „Stachelhaus". Durch in die Schleppkähne eingebaute Förderbänder kann beim Entladen auf Kräne verzichtet werden. Das Transportgut wird schonender behandelt und der Abrieb- und Bruchanteil dadurch gesenkt.

Der Boden der Laderäume ist in bis zu drei parallelen Sektionen (dreifach erstmals 1927 auf **BRAUNKOHLE 34**) abgeschrägt. An den tiefsten Punkten läuft jeweils ein Förderband, das durch halbkreisförmige stählerne Schurren abgedeckt ist. Beim Entladen werden die Schurren an Ketten nacheinander hochgezogen, sodass stets ein gleichförmiger Brikettstrom von den Bändern mitgenommen und auf ein Querband abgegeben wird, das sein Fördergut wiederum an ein nach oben gerichtetes Schrägband abgibt. Dieses gelangt durch einen rohrartigen Rüssel staubfrei an Deck. Der Rüssel ist frei beweglich und kann in beliebiger Höhe angeschlossen werden.

Auf der Steuerbordseite von ORANJE 9 ist der Schrägbandrüssel gut zu erkennen [Foto: 13.3.1950].

1922	Gründung der Tochterfirma *N.V. Brandstoffenhandel en Reederij,* Amsterdam, mit den Zielstellungen: • Vermeidung von Schiffsablieferungen gemäß des Versailler Vertrages, • Nutzung der stabilen politischen Situation in den Niederlanden, • Erlangung von Steuervorteilen infolge eines stark wachsenden Brikettbedarfs, • sicheres Depot für Vermögensbestände der Verges im Ausland, • der drohenden und dann stattgefundenen Besetzung des Ruhrgebietes betriebsseitig zu begegnen.

1922 Da die Schiffe durch ausschließliche Braunkohlentransporte aufgrund leerer Talfahrten nicht rentabel betrieben werden können, wird die Verschiffung von „werksfremden" Massengütern wie Kalkstein, Salz oder Zement aufgenommen.

1933 Die *Rheinisch-Westfälisches Elektrizitätswerk AG* (RWE) gewinnt durch Übernahme der Aktienmehrheit bei der RAG und der *Gewerkschaft Roddergrube* maßgeblichen Einfluss auf die Verges und das Syndikat.

1935 Innerhalb kurzer Zeit werden die *Reederei „Braunkohle" G.m.b.H.* und hieraus – unter erheblicher Beteiligung der Verges – die *Reederei „Braunkohle" G.m.b.H. & Co.* gegründet. Hierdurch wird der Schifffahrtsbetrieb verselbstständigt.

1935 Die vier Schleppdampfer der *N.V. Brandstoffenhandel en Reederij* werden unter deutsche Flagge gebracht und nach Köln umregistriert, da die Reichsregierung ausländischen Schleppern die Teilnahme am innerdeutschen Rheinverkehr untersagt. Die Schleppkähne bleiben weiterhin unter niederländischer Flagge.

1937 *Gründung der Union Rheinische Braunkohlen Kraftstoff AG* (UK) in Wesseling. Die Produktionsaufnahme erfolgt 1941. 1944 werden die Anlagen infolge alliierter Luftangriffe schwer beschädigt.

1938 Ernennung der Reederei zum *Nationalsozialistischen Musterbetrieb*.

1939 Einstellung des Tankmotorschiffes **UNION I**. Im gleichen Jahr folgt der Tankkahn **UNION II**.

1940 Inbetriebnahme des Schleppers **BRAUNKOHLE X** (II). Der Antrieb erfolgt mit Generatorgas.

1940 Die Motorschlepper **BRAUNKOHLE VIII** (II) und **BRAUNKOHLE IX** (II) müssen an die Kriegsmarine abgegeben werden. Der Reederei werden während des Krieges insgesamt vier Schlepper (5.000 PS) aus französischem Besitz zugewiesen, die aber nicht formell von „Braunkohle" übernommen werden.

1940–1945 Beschäftigung von Fremd- und Ostarbeitern. Den Hauptanteil stellen Niederländer, gefolgt von Franzosen.

1941–1943 Beginn eigener Umschlagaktivitäten in Würzburg und Heilbronn.

1942 Aufsplitterung der *Reederei „Braunkohle" G.m.b.H. & Co.* in *Reederei „Braunkohle" G.m.b.H.* (Rheinreederei und Umschlagbetrieb) und *Handelsgesellschaft „Braunkohle" G.m.b.H.* Die *Reederei „Braunkohle" G.m.b.H. & Co.* bleibt dabei bestehen.

DER REICHSORGANISATIONSLEITER DER NSDAP. UND LEITER DER DEUTSCHEN ARBEITSFRONT

DER FÜHRER

hat mich beauftragt, Ihnen mitzuteilen, daß Ihrer Betriebsgemeinschaft auf Grund der im »Leistungskampf der deutschen Betriebe 1939-40« gezeigten Leistungen die Auszeichnung »Nationalsozialistischer Musterbetrieb« für ein weiteres Arbeitsjahr – 1. Mai 1940 bis 30. April 1941 – verliehen worden ist.

Die Betriebsgemeinschaft des Betriebes

Reederei »Braunkohle«
Gesellschaft mit beschränkter Haftung & Co. · Köln und Wesseling

erhält damit vom Führer das Recht verliehen, die Fahne der Deutschen Arbeitsfront mit goldenem Rade und goldenen Fransen für ein weiteres Arbeitsjahr in ihrer Mitte zu halten.

Ich beglückwünsche Sie zu dieser hohen Auszeichnung und glaube sicher, daß Sie dieser Auszeichnung entsprechend auch im neuen Arbeitsjahr alles tun werden, um die Gemeinschaft Ihres Betriebes zu fördern, zu vertiefen und sie auf die großen Ziele der nationalsozialistischen Bewegung auszurichten.

BERLIN, 1. MAI 1940

1943	Erreichung des höchsten Transportaufkommens mit 4,9 Millionen Tonnen.
1944	Liquidation der *Reederei „Braunkohle"* G.m.b.H. & Co. und deren Übernahme durch die *Reederei „Braunkohle"* G.m.b.H.
1944–1945	Erhebliche Kriegsschäden an den Hafenanlagen und Verladeeinrichtungen in Wesseling. Die Reederei büßt durch unmittelbare Kriegseinwirkung 14% ihres eigenen und 35% des gecharterten Schiffsraumes ein.

BRAUNKOHLE I (II) [→ S. 89] nach Kriegsende 1945 beschädigt bei Neuwied.

1945

Unmittelbar nach Kriegsende sind nur noch ein Schlepper, zwei Motorschiffe, vier Kähne und ein Kranschiff betriebsbereit. Das entspricht 11,4% der eigenen Tonnage. Bald nach dem Einmarsch amerikanischer Truppen beginnen die Aufräumungs- und Instandsetzungsarbeiten. Am 11. Mai kann der Umschlagbetrieb im Hafen Wesseling wieder aufgenommen werden. Das Unternehmen unterliegt dabei den Anweisungen der Siegermächte in Bezug auf die zu transportierenden Güter. Diese administrative Lenkung der Rheinschifffahrt endet erst 1949/50.

Die während des Krieges beschlagnahmten französischen Schiffe werden unmittelbar nach Kriegsende zurückgegeben. Umgekehrt werden bis 1949/50 zwangsweise zwei Kähne sowie ein Schraubendampfer der „Braunkohle" von Frankreich beschlagnahmt und von der RHESPAG (Rheinische Spedition und Schiffahrts AG) eingesetzt.

Die Hauptverwaltung des Unternehmens wird von Köln nach Wesseling verlegt.

1950

Für die Ammoniak-Verschiffung wird die aus einem Motorgüterschiff zum Motortankschiff umgebaute **UNION III** in Fahrt gebracht. Da der *Union Rheinische Braunkohlenkraftstoff AG* nach Kriegsende die Benzinproduktion untersagt wird, nimmt sie ersatzweise die Herstellung der chemischen Vorprodukte Methanol und Ammoniak auf. Das Transportaufkommen an Flüssiggütern steigert sich im kommenden Jahrzehnt erheblich.

Ca. 1950– ca. 1970	„Braunkohle"-Verfrachtungen durch Schiffe der *Leonhard Leidel G.m.b.H.*, Wesseling.
1951	Mit **BRAUNKOHLE VIII** (III) und **BRAUNKOHLE IX** (III) werden die ersten Neubauten an Motorschleppern nach dem Zweiten Weltkrieg in Fahrt gebracht.
1951	Motorisierung der Schlepper **BRAUNKOHLE I** (II) und **II** (II). Sie werden mit Zündstrahlmotoren angetrieben, d.h. sie können sowohl im Generatorgas- als auch im Dieselbetrieb arbeiten.
1952	Aus dem Unternehmen wird die Umschlagtätigkeit durch Gründung der *Umschlag- und Speditionsgesellschaft „Braunkohle" G.m.b.H.* (USG), Mannheim, herausgelöst.
1952	Der Phosphatumschlag erlangt wachsende Bedeutung.
1952	Rückgabe der *N.V. Brandstoffenhandel en Reederij* an die *Reederei „Braunkohle" GmbH*. Das Tochterunternehmen wurde nach dem Zweiten Weltkrieg treuhänderisch durch die Niederlande weitergeführt.
1953	Die schon 1902 gegründete *Union Schweizerische Briket-Import-Gesellschaft*, Zürich, bringt zwei Motorgüterschiffe in Fahrt. 1958 folgen dem zwei Motortankschiffe. Im darauffolgenden Jahr stellt die *Allgemeine Kohlenhandels-A.G., Basel, (ab 1960: ALKAG Allgemeine Kohlen- und Mineralöl-Import AG)* das Motorgüterschiff **ST. ALBANTOR** in Dienst, das von der *„Braunkohle"* bereedert wird.

1954	Beginn verstärkter Transporte von Massengütern der Bau- und Chemieindustrie zum Ausgleich des rückläufigen Brikettgeschäfts.
1957	*N.V. Brandstoffenhandel en Reederij* bringt erste Motortankschiffe in Fahrt.
1959	Zusammenschluss der RAG mit anderen Gesellschaften: die *Rheinische Braunkohlenwerke AG* (Rheinbraun) entsteht. Dabei wird die Rheinbraun in die *Rheinisch-Westfälisches Elektrizitätswerk AG* (RWE AG) eingegliedert. Dies hat die völlige Abhängigkeit der Verges und der *Reederei „Braunkohle" GmbH* von der RWE zur Folge.

1960	Umwandlung der *N.V. Brandstoffen handel en Reederij*, Amsterdam, in *Amstelland Rederij BV*, Amsterdam.

1961	Mit **BRAUNKOHLE XV – FRIEDRICH HASCHKE** wird der letzte Raddampfer aus dem Verkehr gezogen.
1961/62	*Reederei „Braunkohle" GmbH* unternimmt erste Versuche im Schubverkehr. Bis 1975 Rückgang der Briketttransporte von 2,7 auf 0,3 Millionen Tonnen pro Jahr.
1967	*Reederei „Braunkohle" GmbH* bringt mit **BRAUNKOHLE I** (III) ihren ersten komplett eigenen Schubverband in Fahrt. Verbunden war dies mit dem Neubau einer Reihe Schubleichter.
1970	*Amstelland Rederij BV* bringt den Schubverband **ORANJE I** (II) in Fahrt.
1978	Zusammenschluss der *Reederei „Braunkohle" GmbH* und der *Umschlag- und Speditionsgesellschaft „Braunkohle" GmbH* zur *Reederei und Spedition „Braunkohle" GmbH* (RSB), Wesseling

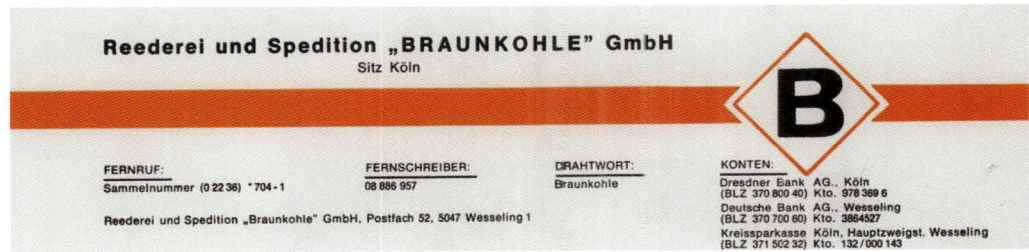

1993	Umfirmierung des Unternehmens in *RSB Logistic GmbH*.

⊜ RSB LOGISTIC

1999	*RSB Logistic GmbH* verlegt ihre Zentrale von Wesseling nach Hürth.
1999	Als letztes Schiff der *Amstelland Rederij BV* wird das Motortankschiff **ORANJE 14** verkauft. Danach erfolgt die Löschung des Unternehmens.
30.6.2016	Verschmelzung der *RSB Logistic GmbH* mit der *Rheinbraun Brennstoff GmbH*.

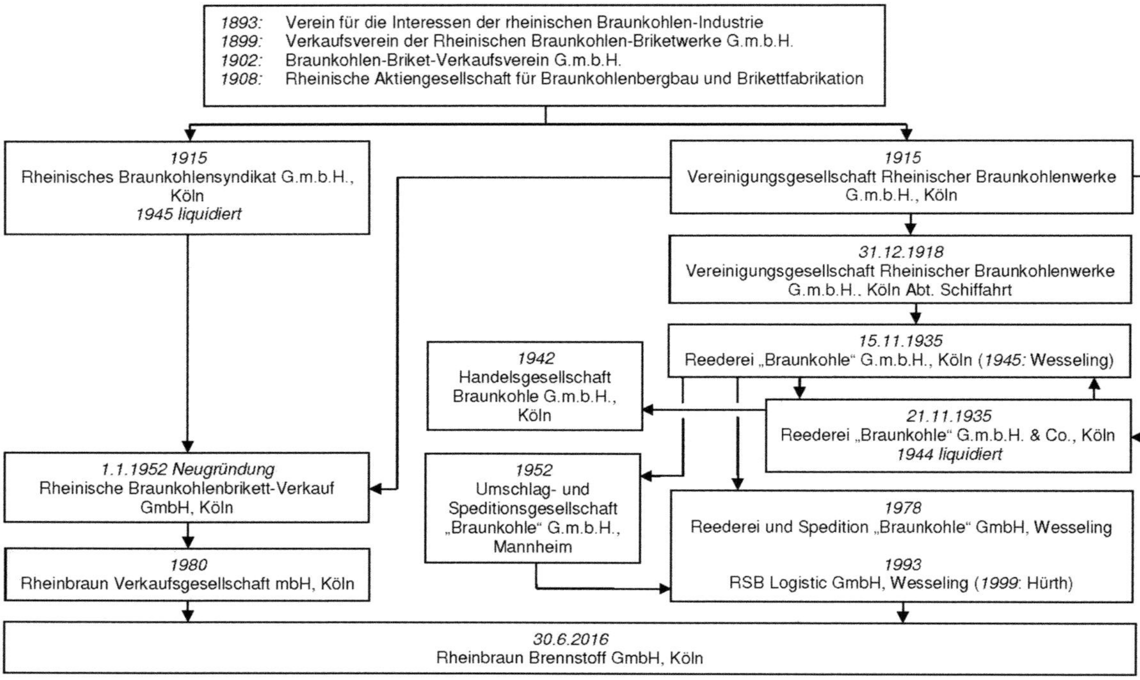

1893:	Verein für die Interessen der rheinischen Braunkohlen-Industrie
1899:	Verkaufsverein der Rheinischen Braunkohlen-Briketwerke G.m.b.H.
1902:	Braunkohlen-Briket-Verkaufsverein G.m.b.H.
1908:	Rheinische Aktiengesellschaft für Braunkohlenbergbau und Brikettfabrikation

1915
Rheinisches Braunkohlensyndikat G.m.b.H., Köln
1945 liquidiert

1915
Vereinigungsgesellschaft Rheinischer Braunkohlenwerke G.m.b.H., Köln

31.12.1918
Vereinigungsgesellschaft Rheinischer Braunkohlenwerke G.m.b.H.. Köln Abt. Schiffahrt

15.11.1935
Reederei „Braunkohle" G.m.b.H., Köln (*1945:* Wesseling)

1942
Handelsgesellschaft Braunkohle G.m.b.H., Köln

21.11.1935
Reederei „Braunkohle" G.m.b.H. & Co., Köln
1944 liquidiert

1.1.1952 Neugründung
Rheinische Braunkohlenbrikett-Verkauf GmbH, Köln

1952
Umschlag- und Speditionsgesellschaft „Braunkohle" G.m.b.H., Mannheim

1978
Reederei und Spedition „Braunkohle" GmbH, Wesseling

1980
Rheinbraun Verkaufsgesellschaft mbH, Köln

1993
RSB Logistic GmbH, Wesseling (*1999:* Hürth)

30.6.2016
Rheinbraun Brennstoff GmbH, Köln

Entwicklung der Reederei „Braunkohle".

Besatzung eines „Braunkohle"-Dampfers.

2

Hafenanlagen und Niederlassungen

Auf Basis seit 1894 laufender Vorplanungen wurde 1900 mit dem Bau der zur Köln-Bonner Kreis-bahn gehörenden Strecke Brühl–Vochem–Berzdorf–Wesseling–Godorf begonnen. Eines der wirtschaftlichen Ziele dieses Projektes war der Transport von Braunkohlenbriketts zu einem Ver-schiffungspunkt am Rhein. Schon ein Jahr später konnte die Eisenbahnverbindung ihren Betrieb aufnehmen. Parallel dazu war mit dem Ausbau von Umschlagseinrichtungen an der Wesselinger Rheinwerft begonnen worden. Deren Inbetriebnahme erfolgte noch Ende 1901. Stand anfangs nur ein Dampfkran zur Verfügung, waren es 1907 schon drei und 1921 zehn.

Die Verges wählte als Standort ihrer *Abteilung Schiffahrt* die Stadt Wesseling. Dazu wurde Anfang 1919 ein am Rhein liegendes Gelände angekauft, auf dem sich mehrere Immobilien befan-den. Diese Gebäude wurden zu Büros und Werkstätten umfunktioniert. Somit konnten kleinere Reparaturen und Umbauten an den Fahrzeugen in Eigenregie vorgenommen werden.

Obwohl das Areal in Wesseling stetig erweitert wurde, verlegte man 1925 den kaufmännischen Bereich der Reederei zum *Rheinischen Braunkohlen-Syndikat* nach Köln. Von Beginn an sorgte das Unternehmen auch für Betriebswohnungen durch angekaufte Häuser und Neubauten.

Die Verladeanlagen an der Rheinwerft wurden kontinuierlich ausgebaut. Dies geschah in enger Zusammenarbeit mit der Köln-Bonner Eisenbahn. 1922 wurde mit Baggerarbeiten für das

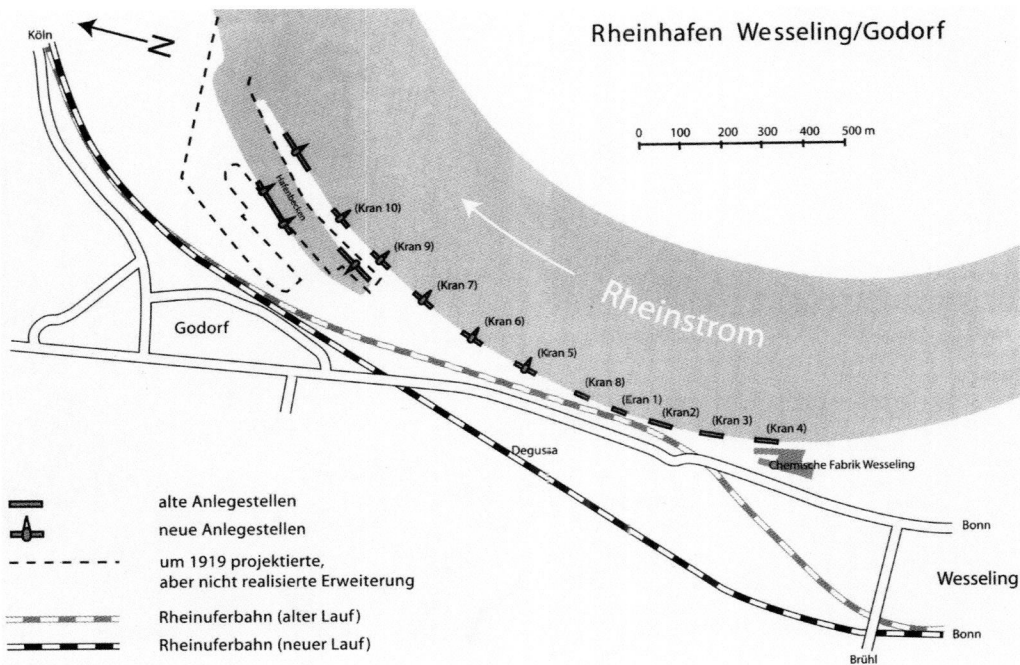

Rheinwerft und Hafenanlagen in Wesseling (Stand 1957).

Hafenbecken I (ca. 600 x 70 m) begonnen, das 1928 in Betrieb genommen werden konnte. Das Hafenbecken II wurde in der 1919 geplanten Form nie realisiert. Verbunden war dies mit dem Bau neuer Gleisanlagen. Bis 1943 wurden insgesamt 13 Krananlagen errichtet.

Die Rheinwerft in Wesseling mit Blickrichtung nach Norden. Der zweite Anleger von vorn gehörte der „Köln-Düsseldorfer". Dahinter befinden sich die Umschlagseinrichtungen und Gebäude der Reederei „Braunkohle".

Ladearbeiten an der Rheinwerft in Wesseling in Höhe Kran 5. Im Vordergrund links der Schleppkahn BRAUNKOHLE 36.

Die Ernennung der Reederei zu einem „Nationalsozialistischen Musterbetrieb" im Jahr 1938 ging einher mit dem Bau eines „Gefolgschaftshauses" (das spätere Inspektionsgebäude), von Sportanlagen und Wohnhäusern. Dem Regime gelang es durch solche Maßnahmen, das wahre Gesicht seiner „Wohlfühldiktatur" zu kaschieren.

Alliierte Luftangriffe führten zwischen April 1944 und Februar 1945 zu erheblichen Beschädigungen und Zerstörungen an den Verladestellen und Gleisanlagen. Auch das Verwaltungsgebäude erlitt erhebliche Bombenschäden.

Mit Aufräumungs- und Instandsetzungsarbeiten wurde unmittelbar nach dem Einmarsch amerikanischer Truppen Anfang März 1945 begonnen. Schon Mitte Mai erfolgten erste Verfrachtungen, wenn auch in sehr bescheidenem Umfang. Da das Kölner Verwaltungsgebäude total zerstört war, musste die Hauptverwaltung zwangsläufig nach Wesseling verlegt werden. Da eine Rückkehr nach Köln nicht beabsichtigt war, wurde 1948 der Bau eines zusätzlichen Verwaltungsgebäudes in Angriff genommen, das 1951 bezogen wurde. In den nachfolgenden Jahren erfolgte eine Reihe von Umbauten und Erweiterungen. Ab 1952 entstanden elf große Phosphatsilos der Firma Knapsack AG, die das Hafenbild prägten.

Da der Brikettumschlag ab Ende der 1950er-Jahre abnahm, während der Ölverbrauch in der bundesdeutschen Volkswirtschaft anstieg, hatte dies auch Auswirkungen auf den Hafen Wesseling. Der Transport von Treibstoffen und flüssigen chemischen Vorprodukten rückte immer mehr in den Vordergrund. Von 1957 bis 1960 wurde mit dem Hafenbecken II ein neuer Ölhafen errichtet. Die Gesamtanlage erhielt die Bezeichnung *Rheinhafen Wesseling / Godorf*.

Teil der Reedereigebäude in Wesseling (Aufnahme zwischen 1955 und 1959), davor der Raddampfer BRAUNKOHLE IV – GUSTAV WEGGE (II), ganz rechts BRAUNKOHLE VII (II). Von links nach rechts: Inspektionsgebäude (1938), Werkstattgebäude, Ladeplatz mit Kran, „altes" Verwaltungsgebäude (1920) und „neues" Verwaltungsgebäude (1950).

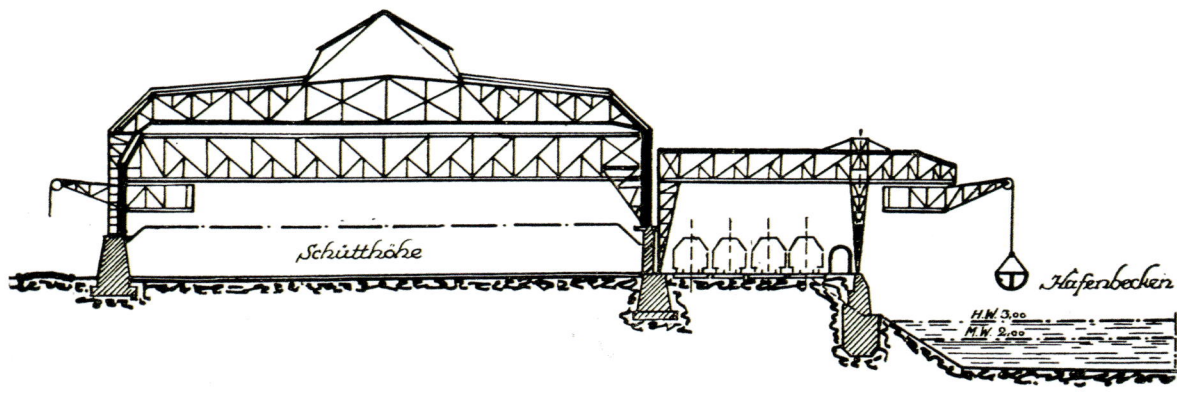

Rohrbrücke der Union Rheinische Braunkohlen Kraftstoff AG in Wesseling.

Schon 1905 eröffnete die Verges einen Umschlagplatz in Mannheim-Rheinau. 1916 folgte ein zweiter in Karlsruhe. Ab ca. 1918 wurde mit dem Ausbau von Anlagen im Ludwigshafener Kaiserwörthhafen begonnen. Während des Zweiten Weltkrieges wurden mit Würzburg und Heilbronn weitere Umschlagplätze an Main und Neckar eingerichtet. Neben diesen Umschlagstandorten verfügte die Verges noch über zusätzliche Betriebsstellen, z.B. in Mainz, Mannheim und Kehl.

Lagerhalle und Krananlage in Karlsruhe.

3

Namen der „Braunkohle"-Schlepper

Sämtliche Seitenradschleppdampfer sowie ein Schraubenschleppdampfer führten zusätzlich zur Firmenbezeichnung und Nummerierung den Namen einer für die Entwicklung des Unternehmens und der rheinischen Braunkohleindustrie bedeutenden Persönlichkeit. In zwei Fällen wurden diese Zusatznamen infolge von Reparationsablieferung bzw. Außerdienststellung ein zweites Mal vergeben.

Zwei Schiffe der niederländischen Tochtergesellschaft *N.V. Brandstoffenhandel en Reederij* führten ebenfalls zusätzliche Personennamen. Die Nennung von Wilhelmina Helena Pauline Maria von Oranien-Nassau dürfte lediglich als Ehrerweisung gegenüber dem Flaggenstaat zu verstehen sein. Demgegenüber hatte Adolf Silverberg einen direkten Bezug zur Rheinischen Braunkohlenindustrie. Die 1935 erfolgte Umregistrierung nach Deutschland bot offenbar eine willkommene Gelegenheit, sich dieses „nichtarischen" Namens zu entledigen.

BRAUNKOHLE III – VICTOR WEIDTMAN
BRAUNKOHLE VI – VICTOR WEIDTMAN

VICTOR WEIDTMAN (*8.9.1853–17.12.1926) war studierter Jurist. Von 1904 bis 1926 war er Aufsichtsratsvorsitzender der Rheinischen Aktien-gesellschaft für Braunkohlenbergbau und Brikettfabrikation. 1923 wurde er zum Reichskommissar zur Durchführung des Reichsknapp-schaftsgesetzes berufen.

BRAUNKOHLE III – FRIEDRICH KRUSE

FRIEDRICH KRUSE (5.3.1872–8.9.1933) wurde 1917 zum Geschäftsführer der Rheinischen Braunkohlen-Brikett-Syndikats GmbH und der Verei-nigungsgesellschaft Rheinischer Braunkohlenbergwerke mbH bestellt. Er war führend an der Schaffung einer firmeneigenen Rheinflotte beteiligt.

BRAUNKOHLE IV – GUSTAV WEGGE

GUSTAV WEGGE (11.5.1866–16.10.1935) trat 1893 in die Leitung der Gewerkschaft Roddergrube in Brühl ein. Als akademisch vorgebildeter Bergmann erwarb er große Verdienste auf dem Gebiet der Braunkohlentechnik und der Energiewirtschaft.

BRAUNKOHLE V – WILHELM SCHRÖDER

WILHELM SCHRÖDER (17.2.1867–3.6.1917) leitete ab 1905 den Braunkohlen-Brikett-Verkaufsverein. Unter seiner Leitung reiften die Pläne für einen eigenen Reederei-Betrieb. Der versuchsweisen Eröffnung im Jahr 1910 folgten gründliche Planungen. Der Ausbruch des Ersten Weltkrieges verzögerte das Vorhaben, dessen Verwirklichung er nicht mehr erlebte.

BRAUNKOHLE VI – FRIEDRICH HASCHKE
BRAUNKOHLE XV – FRIEDRICH HASCHKE

FRIEDRICH HASCHKE (13.6.1847–20.9.1932) bemühte sich schon früh um die Vereinigung der Werke des rheinischen Braunkohlenreviers. Maßgeblichen Anteil hatte er an den ersten Syndikatsgründungen um 1900. Er war bei der Gewerkschaft Brühl und später bei der Braunkohlen- und Brikettwerke Roddergrube AG, Brühl, im Vorstand.

BRAUNKOHLE XVI – F.E. BEHRENS

FRIEDRICH EDUARD BEHRENS (17.12.1836–8.6.1920) war 1873 an der Entstehung des Brühl-Godesberger Vereins für Braunkohlenverwertung AG beteiligt, durch den die Förderung und Verwertung von Braunkohle im Rheinland begann. 1903 gründete er die bergrechtliche Gewerkschaft „Vereinigte Ville".

ORANJE III – ADOLF SILVERBERG

ADOLF SILVERBERG (14.3. 1845–9.9.1903) war der führende Industrielle bei der Entwicklung der modernen Braunkohleindustrie im Rheinland. Nach industriellen Aktivitäten in Goch und Bedburg kam es 1894 zum Bau der Bergheimer Kreisbahnen. Sie dienten dem Transport von Rohbraunkohle und Briketts. 1898 kaufte eine Gesellschaft unter seiner Führung und dem Bankhaus Sal. Oppenheim aus Köln die Fortuna AG für Braunkohlebergbau und Brikettfabrikation auf. Kurze Zeit später wurde auch die Beisselsgrube erworben.

ORANJE IV – KONINGIN WILHELMINA

WILHELMINA HELENA PAULINE MARIA VON ORANIEN-NASSAU (31.8.1880–28.11.1962) war von 1890 bis 1948 Königin der Niederlande. 1901 heiratete sie Herzog Heinrich zu Mecklenburg. Im Jahr 1948 dankte Wilhelmina zugunsten ihrer Tochter Juliana ab.

Seitenradschleppdampfer BRAUNKOHLE XV – FRIEDRICH HASCHKE mit Anhang vor Köln.

Motorschlepper BRAUNKOHLE X begegnet in Köln einem zu Berg fahrenden Compagnieschiff. Fahrzeuge der „Braunkohle" kamen allerdings nur selten unterhalb von Wesseling zum Einsatz.

Schiffe der
Braunkohlen-Brikett-Verkaufsverein G.m.b.H., Köln,
Vereinigungsgesellschaft Rheinischer
Braunkohlenbergwerke m.b.H., Abt. Schiffahrt, Köln,
Reederei „Braunkohle" G.m.b.H. & Co., Wesseling,
Reederei „Braunkohle" G.m.b.H., Wesseling,
Reederei und Spedition „Braunkohle" GmbH, Wesseling

4.1 Schlepper / Schubschiffe / Stoßboote

Einschraubenmotorschlepper **UNION NO. 1**
1875 / . , Slikkerveer / 1875: . PSi; . x . m; 1909: 300 PSe; 32,0 x 6,0 m; 1914: 500 PSe; 32,8 x 6,3 m
Erbaut als Schraubenschleppdampfer für A. Buhren, Homberg, **AUGUST**; 1907 Johann Knipscheer, Ruhr-ort, **JOHANN KNIPSCHEER NO. 2**; 1909 Gasmotorenfabrik Köln-Deutz, **DEUTZ**, motorisiert, Umbau auf Sauggasbetrieb (auf Brikettbasis); 1911 Braunkohlen-Brikett-Verkaufsverein g.m.b.H., Köln, **UNION NO. 1**; 1916 außer Dienst; 1917 abgewrackt.

Gasmotorschlepper UNION NO. 1 vor 1915.

Doppelschraubenschleppdampfer **VEREINIGUNGSGESELLSCHAFT RHEINISCHER BRAUNKOHLEN-BERGWERKE M.B.H. NO. I** → **BRAUNKOHLE I** (I)
1884 / Jacobi, Haniel & Hyssen, Ruhrort / 2 x 375 = 750 PSi; 43,6 x 6,9 m
Erbaut für Tillmann Schürmann Söhne, Ruhrort, **T. SCHÜRMANN SÖHNE 1**; vor 1906 **T. SCHÜRMANN SÖHNE I**; 1919 Vereinigungsges. Rheinischer Braunkohlenbergwerke m.b.H., Abt. Schiffahrt, Köln, **VEREINIGUNGSGESELLSCHAFT RHEINISCHER BRAUNKOHLENBERGWERKE M.B.H. NO. I** (I); 1920 **BRAUNKOHLE I** (I); 1924 Antrieb ausgebaut, Nutzung als Lagerschiff; 1952 abgewrackt.

Schraubenschleppdampfer BRAUNKOHLE I (I) im Jahr 1924.

Schraubenschleppdampfer BRAUNKOHLE I (I) Anfang der 1920er-Jahre.

Seitenradschleppdampfer **VEREINIGUNGSGESELLSCHAFT RHEINISCHER BRAUNKOHLENBERG-WERKE M.B.H. NO. II** → **BRAUNKOHLE II** (I) → **ORANJE III – ADOLF SILVERBERG** → **BRAUN-KOHLE III** (II) → **BRAUNKOHLE III – FRIEDRICH KRUSE** ⇒ S. 91

1886 / Jacobi, Haniel & Hyssen, Ruhrort / 1886: 800 PSi (1 Schornstein); 70,0 x 16,0 m / 8,0 m; 1922: 1.280 PSi (2 Schornsteine); 75,3 x 19,3 / 8,0 m

Erbaut für Tillmann Schürmann Söhne, Ruhrort, **T. SCHÜRMANN SÖHNE 2**; vor 1906 **T. SCHÜRMANN SÖHNE II**; 1919 Vereinigungsges. Rheinischer Braunkohlenbergwerke m.b.H., Abt. Schiffahrt, Köln, **VER-EINIGUNGSGESELLSCHAFT RHEINISCHER BRAUNKOHLENBERGWERKE M.B.H. NO. II** (I); 10.1920 **BRAUNKOHLE II** (I); 1922 umgebaut, N.V. Brandstoffenhandel en Reederij, Amsterdam, **ORANJE III – ADOLF SILVERBERG**; 1935 Reederei „Braunkohle" G.m.b.H. & Co., Köln, **BRAUNKOHLE III** (II); 1938 **BRAUNKOHLE III – FRIEDRICH KRUSE**; 1945 versenkt bei Eltville; 1946 gehoben und repariert; 1954 außer Dienst gestellt und abgewrackt.

Seitenradschleppdampfer T. SCHÜRMANN SÖHNE 2 vor 1906.

BRAUNKOHLE III – FRIEDRICH KRUSE am 10. Oktober 1951 in Mannheim.

Seitenradschleppdampfer **VEREINIGUNGSGESELLSCHAFT RHEINISCHER BRAUNKOHLENBERG-WERKE M.B.H. NO. III** → **BRAUNKOHLE III** (I) → **BRAUNKOHLE III – VICTOR WEIDTMAN**
1855 oder 1885? / Jacobi, Haniel & Hyssen, Ruhrort / 800 PSi; 70,8 x . / 6,50 m
Erbaut für …; ca. 1890 Tillmann Schürmann Söhne, Ruhrort, **T. SCHÜRMANN SÖHNE 3**; vor 1906
T. SCHÜRMANN SÖHNE III; 1919 Vereinigungsges. Rheinischer Braunkohlenbergwerke m.b.H., Abt.
Schiffahrt, Köln, **VEREINIGUNGSGESELLSCHAFT RHEINISCHER BRAUNKOHLENBERGWERKE M.B.H.
NO. III**; 11.1920 **BRAUNKOHLE III** (I); 12.1923 **BRAUNKOHLE III – VICTOR WEIDTMAN**; 1.1928 im Register
gelöscht, da abgewrackt.
*Das Baujahr wird im Binnenschiffsregister Köln mit 1855 und im Rheinschiffs-Register 1892 mit 1885
angegeben. Nach einer ungesicherten Quellengabe soll das Schiff den Ex-Namen RUHR geführt
haben. Es könnte sich um den 1845 erbauten Raddampfer DIE RUHR, dem ersten auf einer deutschen Werft erbauten eisernen Radschleppdampfer, handeln, der eventuell 1888 einem Totalumbau
unterzogen wurde (Hauptreparatur gemäß Rheinschiffs-Register 1896 im Jahr 1888).*

Seitenradschleppdampfer T. SCHÜRMANN SÖHNE 3 im Jahr 1900 in Duisburg.

Seitenradschleppdampfer BRAUNKOHLE III – VICTOR WEIDTMAN um 1924/25.

Doppelschraubenschleppdampfer **VEREINIGUNGSGESELLSCHAFT RHEINISCHER BRAUNKOHLEN-BERGWERKE M.B.H. NO. IV** → **BRAUNKOHLE IV** (I)

1884 / Berninghaus, Duisburg / 500 PSi; 40,0 x 8,3 m

Erbaut für Niederrheinische Dampfschleppschiffahrtsges., Düsseldorf, **NIEDERRHEIN V**; 1914 de Gruyter & Co. GmbH, Duisburg-Ruhrort, **DE GRUYTER & CO. NO. X**; 191. Tillmann Schürmann Söhne, Ruhrort, **T. SCHÜRMANN SÖHNE IV** (II); 3.1919 Vereinigungsges. Rheinischer Braunkohlenbergwerke m.b.H., Abt. Schiffahrt, Köln, **VEREINIGUNGSGESELLSCHAFT RHEINISCHER BRAUNKOHLENBERGWERKE M.B.H. NO. IV**; 11.1920 **BRAUNKOHLE IV** (I); 1925/26 außer Dienst; 1927 abgewrackt.

Schraubenschleppdampfer BRAUNKOHLE IV (I).

Kommandobrücke von BRAUNKOHLE IV (I) mit Besatzungsangehörigen.

Seitenradschleppdampfer **VEREINIGUNGSGESELLSCHAFT RHEINISCHER BRAUNKOHLENBERG-WERKE M.B.H. NO. V – WILHELM SCHRÖDER** → **BRAUNKOHLE V – WILHELM SCHRÖDER**
1885 / Gutehoffnungshütte, Ruhrort / 1885: 705 PSi, 1909: 900 PSi; 73,9 x 16,2 / . m
Erbaut für Tillmann Schürmann Söhne, Ruhrort, **T. SCHÜRMANN SÖHNE V**; 3.1919 Vereinigungsges. Rheinischer Braunkohlenbergwerke m.b.H., Abt. Schiffahrt, Köln, **VEREINIGUNGSGESELLSCHAFT RHEINISCHER BRAUNKOHLENBERGWERKE M.B.H. NO. V – WILHELM SCHRÖDER**; 1920 **BRAUNKOHLE V – WILHELM SCHRÖDER**; 1954 im Register gelöscht, da abgewrackt.

Seitenradschleppdampfer T. SCHÜRMANN SÖHNE V um 1910.

Seitenradschleppdampfer BRAUNKOHLE V – WILHELM SCHRÖDER am 30. Mai 1952 in Mannheim.

Seitenradschleppdampfer **VEREINIGUNGSGESELLSCHAFT RHEINISCHER BRAUNKOHLENBERG-WERKE M.B.H. NO. VI – FRIEDRICH HASCHKE** → **BRAUNKOHLE VI – FRIEDRICH HASCHKE** → S. 48
1906 / Gebr. Sachsenberg GmbH, Roßlau (552) / 1.100 PSi; 71,0 x 19,4 / 8,5 m
Erbaut für Tillmann Schürmann Söhne, Ruhrort, **T. SCHÜRMANN SÖHNE VI**; 1919 Vereinigungsges.
Rheinischer Braunkohlenbergwerke m.b.H., Abt. Schiffahrt, Köln, **VEREINIGUNGSGESELLSCHAFT
RHEINISCHER BRAUNKOHLENBERGWERKE M.B.H. NO. VI – FRIEDRICH HASCHKE**; 1920 **BRAUN-
KOHLE VI – FRIEDRICH HASCHKE**; 1921 Société d'Etudes pour la Navigation du Rhin, Strasbourg; 3.1924
Compagnie Générale pour la Navigation du Rhin, Strasbourg, **METZ**; während des Zweiten Weltkrieges
für Reederei „Braunkohle" in Fahrt, aber nicht formell übernommen; 1945 unterhalb Gernsheim selbst
versenkt; 1946 gehoben und repariert; 1950 außer Dienst; 1953 abgewrackt.
Dem Schiff wurde vermutlich schon 1921 ein französischer Name zugewiesen, eventuell bereits METZ.

In der Bildmitte: Seitenradschleppdampfer T. SCHÜRMANN SÖHNE VI.

Seitenradschleppdampfer BRAUNKOHLE VI – FRIEDRICH HASCHKE (I) um 1920.

Doppelschraubenschleppdampfer **VEREINIGUNGSGESELLSCHAFT RHEINISCHER BRAUNKOHLEN-BERGWERKE M.B.H. NO. VII** → **BRAUNKOHLE VII** (I)
1897 / Ewald Berninghaus, Duisburg / 2 x 300 = 600 PSi; 33,0 x 6,3 m
Erbaut für Niederrheinische Dampfschleppschiffahrt Ges., Düsseldorf, **NIEDERRHEIN III**; 3.1914 De Gruyter & Co. GmbH, Duisburg, **DE GRUYTER & CO. NO. VIII**; 11.1919 Vereinigungsges. Rheinischer Braunkohlenbergwerke m.b.H., Abt. Schiffahrt, Köln, **VEREINIGUNGSGESELLSCHAFT RHEINISCHER BRAUNKOHLENBERGWERKE M.B.H. NO. VII**; 11.1920 **BRAUNKOHLE VII** (I); 8.1926 Johann Knipscheer, Duisburg-Ruhrort, **JOHANN KNIPSCHEER SENIOR**; 192. **JOHANN KNIPSCHEER VIII**; 1932 Anton Schweers, Duisburg-Ruhrort, **ENERGIE**; 1945 Kriegsverlust.

Schraubenschleppdampfer BRAUNKOHLE VII (I), dahinter BRAUNKOHLE I (I).

BRAUNKOHLE VII (I), hier nach 1932 als ENERGIE an der Loreley.

Einschraubenschleppdampfer **VEREINIGUNGSGESELLSCHAFT RHEINISCHER BRAUNKOHLENBERG-WERKE M.B.H. NO. VIII** → **BRAUNKOHLE VIII** (I)

1898 / Gebr. Maaß GmbH, Neustrelitz / 100 PSi; 22,5 x 5,1 m

Erbaut für Dampfschiffahrts-Ges. Oberhavel u. Tegeler See, Spandau, **VON ZIETHEN**; 191. Hermann Otto Ippen, Stettin, vermutlich aus **OTTO IPPEN VII, XIII, XIV** oder **XVII**; 3.1920 Vereinigungsges. Rheinischer Braunkohlenbergwerke m.b.H., Abt. Schiffahrt, Köln, **VEREINIGUNGSGESELLSCHAFT RHEINISCHER BRAUNKOHLENBERGWERKE M.B.H. NO. VIII**; 11.1920 **BRAUNKOHLE VIII** (I); 11.1925 Karl Busch u. Johannes Schillow, Spandau, **LIESA**; 1930 Johannes Schillow, Berlin; 1936 in Charter d. Stern u. Kreisschiffahrt, Berlin, **LISA**; 19.. Ernst Schröder, Berlin-Pankow, **EMMI ELSE**; 6.1958 Emilie u. Ernst F. Schröder, Zehdenick; 8.1967 Robert Ruhnau, Fürstenberg/H.; 6.1974 im Register gestrichen, da abgewrackt.

Das Schiff wurde am 31. März 1914 in Thorn neu geeicht. Dies könnte auf einen zeitweisen Eigner im Weichselgebiet hindeuten.

Schraubenschleppdampfer BRAUNKOHLE VIII (I).

Doppelschraubenschleppdampfer **VEREINIGUNGSGESELLSCHAFT RHEINISCHER BRAUNKOHLEN-
BERGWERKE M.B.H. NO. IX** → **BRAUNKOHLE IX** (I)

1892 / . , Memel / 250 PSi; 22,2 x 4,3 m

Erbaut für Eugen Kanter, Gristow, **HERKULES**; 1898 Stettin-Bredower-Portland-Cement-Fabrik, Stettin-
Bredow; 5.1920 Vereinigungsges. Rheinischer Braunkohlenbergwerke m.b.H., Abt. Schiffahrt, Köln, **VER-
EINIGUNGSGESELLSCHAFT RHEINISCHER BRAUNKOHLENBERGWERKE M.B.H. NO. IX**; 11.1920
BRAUNKOHLE IX (I); 1926 Karl Retzlaff, Berlin-Spandau, **KARL HEINZ**; um 1947 noch in Fahrt.

Schraubenschleppdampfer BRAUNKOHLE IX (I) auf dem Main.

Doppelschraubenschleppschleppdampfer **VEREINIGUNGSGESELLSCHAFT RHEINISCHER BRAUN-
KOHLENBERGWERKE M.B.H. NO. X → BRAUNKOHLE X** (I)
1897 / Nüscke & Co., Stettin (91) / 200–250 PSi; 26,5 x 4,8 m
Erbaut für W. Jäger & Co., Stettin, **ELSE**; 1909 W. Jäger & Sohn, Stettin; 191. Schiffahrtsabt. Feldeisenbahnchef Heer; 6.1920 Vereinigungsges. Rheinischer Braunkohlenbergwerke m.b.H., Abt. Schiffahrt,
Köln, **VEREINIGUNGSGESELLSCHAFT RHEINISCHER BRAUNKOHLENBERGWERKE M.B.H. NO. X**;
10.1920 **BRAUNKOHLE X** (I); 3.1938 Fritz Kampe Haren/Ems, **ODIN**.

Schleppdampfer BRAUNKOHLE X (I), dahinter BRAUNKOHLE I (I) in Wesseling.

BRAUNKOHLE X (I) an der Schiffbrücke in Koblenz.

Einschraubenschleppdampfer **VEREINIGUNGSGESELLSCHAFT RHEINISCHER BRAUNKOHLENBERG-WERKE M.B.H. NO. XI** → **BRAUNKOHLE XI** (I)
1910 / J.W. Klawitter, Danzig (348) / 200 PSi; 30,0 x 5,9 m
Erbaut für F. Zimmerling, Tilsit (n.a.A. Ad. Gerlach, Tilsit), **FRIEDRICH WILHELM**; 1913 Tilsiter Dampfer-Verein, Königsberg, **TRISTAN**; 9.1914 Transportverband Linienkommandantur N; 5.1915 Festungsboots-abt. Königsberg; 1917 Schiffahrtsabt. Feldeisenbahnchef Heer; 5.1920 Vereinigungsges. Rheinischer Braunkohlenbergwerke m.b.H., Abt. Schiffahrt, Köln, **VEREINIGUNGSGESELLSCHAFT RHEINISCHER BRAUNKOHLENBERGWERKE M.B.H. NO. XI**; 11.1920 **BRAUNKOHLE XI** (I); 1935 Reederei „Braunkohle" G.m.b.H. & Co., Köln; 7.1952 im Register gelöscht, da abgewrackt.

Schleppdampfer BRAUNKOHLE XI (I) in Wesseling.

Doppelschraubenschleppdampfer **BRAUNKOHLE XII** (I)
1901 / H. Paucksch AG, Landsberg/W. (2) / 180 PSi; 30,5 / 28,0 x 5,6 m
Erbaut für Robert Tismer, Niederschöneweide, Heimatort: Küstrin (W. Kaebelmann, Küstrin?), **FREYA**;
5.1914 Karl Stein, Brandenburg; 19.. Hermann u. Bruno Rahnert, Zimpel (Kr. Breslau); 11.1920 Vereinigungsges. Rheinischer Braunkohlenbergwerke m.b.H., Abt. Schiffahrt, Köln, **BRAUNKOHLE XII** (I); 1940
im Register gelöscht.

BRAUNKOHLE XII (I) passiert die geöffnete Koblenzer Schiffbrücke.

Einschraubenschleppdampfer → Einschraubenmotorschlepper **BRAUNKOHLE XIII**
1910 / Nüscke & Co., Stettin (215) / 1910: 200–250 PSi, 1957: 400 PSe; 26,6 x 6,0 m
Erbaut für Paul Stahlberg, Stettin, **BERTHOLD**; 9.1914 Transportverband Linienkommandantur N; 11.1916
Bereederung durch Tilsiter Dampfer-Verein, Königsberg; 1917 Schiffahrtsabt. Feldeisenbahnchef Heer;
10.1920 Vereinigungsges. Rheinischer Braunkohlenbergwerke m.b.H., Abt. Schiffahrt, Köln, **BRAUN-
KOHLE XIII**; 1957 motorisiert; 2.1970 im Register gelöscht, da abgewrackt.

Schleppdampfer BRAUNKOHLE XIII im August 1954 in Mannheim.

Motorschlepper BRAUNKOHLE XIII im Herbst 1964 bei Gernsheim.

Heckradschleppdampfer **BRAUNKOHLE XIV** (I)

1909 / Gebr. Sachsenberg AG, Roßlau (602) / 700 PSi; 52,2 x 7,8 m

Erbaut für G.A. Friedrich, Hamburg, **GROSS-BERLIN**; 8.1920 Vereinigungsges. Rheinischer Braunkohlen-
bergwerke m.b.H., Abt. Schiffahrt, Köln, **BRAUNKOHLE XIV** (I); 9.1926 Dampfer-Genossenschaft Deutscher
Strom- und Binnenschiffer, Fürstenberg/O., **NEPTUN**; 1947 Sowjetische Oderschiffahrt AG, Frankfurt/O.,
DVINA; 5.1952 Deutsche Oderschiffahrt, **DWINA**; 9.1953 VEB Deutsche Schiffahrts- und Umschlagbetriebe,
Magdeburg; 1.1957 Deutsche Binnenreederei, Berlin; 8.1970 im Register gelöscht, da abgewrackt.

BRAUNKOHLE XIV vermutlich um 1920, im Hintergrund rechts BRAUNKOHLE V.

*Aus BRAUNKOHLE XIV wurde später die DWINA. Hier um 1955 oberhalb des „Blauen Wunders"
auf der Elbe in Dresden.*

Seitenradschleppdampfer **BRAUNKOHLE XV – FRIEDRICH HASCHKE**
1921 / Gebr. Sachsenberg AG, Roßlau (817) / 1.850 PSi; 78,0 x 22,0 / 9,6 m
Erbaut für Vereinigungsges. Rheinischer Braunkohlenbergwerke m.b.H., Abt. Schiffahrt, Köln; 1945 bei
Hattenheim versenkt; 194. gehoben und repariert; 1.1964 im Register gelöscht, da abgewrackt.

BRAUNKOHLE XV – FRIEDRICH HASCHKE vor 1935 bei Werftarbeiten.

*Seitenradschleppdampfer BRAUNKOHLE XV – FRIEDRICH HASCHKE mit Schleppzug um 1954
vor dem Passieren der Pfaffendorfer Brücke in Koblenz.*

BRAUNKOHLE XV – FRIEDRICH HASCHKE: Bilder aus dem Maschinenraum

Arbeiten an der Dampfmaschine: Ein Zylinder wird aufgebohrt.

Maschinenfahrstand mit Maschinist Albert Matthieß. Der Maschinentelegraf steht auf HALT.

BRAUNKOHLE XV – FRIEDRICH HASCHKE: Bilder vor der Verschrottung

Auflieger in Duisburg-Ruhrort im Sommer 1963.

Blick Richtung Bug. Zu erkennen sind Seilklemmen für die Schleppdrähte.

Seitenradschleppdampfer **BRAUNKOHLE XVI – F.E. BEHRENS**

1921 / Gebr. Sachsenberg AG, Roßlau (818) / 1.820 PSi; 78,0 x 22,0 / 5,6 m

Erbaut für Vereinigungsges. Rheinischer Braunkohlenbergwerke m.b.H., Abt. Schiffahrt, Köln; 1945 bei Mondorf versenkt; 1947 gehoben und repariert; 1958 außer Dienst, Antriebsanlage demontiert; ca. 1959 Fa. Dahmen, …, Arbeitsprahm, **ENKIRCH** auf Mosel, später auf Rhein, versehentlich gesprengt; vermutlich 196. abgewrackt.

Seitenradschleppdampfer BRAUNKOHLE XVI – F.E. BEHRENS vor 1935 auf Slip der Berninghaus-Werft.

Arbeitsprahm ENKIRCH am 8. Juli 1967 im Loreleyhafen.

Einschraubenschleppdampfer **BRAUNKOHLE VI** (II) → **BRAUNKOHLE VI – VICTOR WEIDTMAN**
1916 / Caesar Wollheim, Cosel / 1916: 325 PSi, 1953: 350 PSi; 31,9 x 6,8 m
Erbaut für Heinrich Schönnenbeck, Mülheim a. d. Ruhr, Erich Müller, Oberhausen, und Heinrich Mertens, Duisburg-Ruhrort, **ERTEGE II**; 10.1920 **KURT ARTHUR**; 10.1921 Vereinigungsges. Rheinischer Braunkohlenbergwerke m.b.H., Abt. Schiffahrt, Köln, **BRAUNKOHLE VI** (II); 11.1926
BRAUNKOHLE VI – VICTOR WEIDTMAN; 1958 im Register gelöscht.

Schraubenschleppdampfer BRAUNKOHLE VI (II) vermutlich in der ersten Hälfte der 1920er-Jahre.

Seitenradschleppdampfer **BRAUNKOHLE IV – GUSTAV WEGGE** (II) → **ORANJE IV – KONINGIN WILHELMINA** / S. 93

Seitenradschleppdampfer BRAUNKOHLE IV – GUSTAV WEGGE (II) am 23. August 1949 an der Loreley.

Schraubenschleppdampfer GOETHE
Keinerlei Herkunfts- und techn. Daten bekannt
Ca. 1922 Vereinigungsges. Rheinischer Braunkohlenbergwerke m.b.H., Abt. Schiffahrt, Köln, angekauft;
1923 im „Ruhrkampf" durch Frankreich beschlagnahmt; 1925/26 nach Rückgabe außer Dienst.

Einschraubenschleppdampfer / Doppelschraubenmotorschlepper **BRAUNKOHLE I** (II) ⇒ Einschraubenschleppdampfer **ORANJE I** (I) / S. 89

*Schleppdampfer
BRAUNKOHLE I (II)
im Jahr 1949 in
Ludwigshafen.*

Motorschlepper BRAUNKOHLE I (II) um 1960 in der Ruthof-Werft, Mainz-Kastel.

Einschraubenschleppdampfer / Doppelschraubenmotorschlepper **BRAUNKOHLE II** (II) ⇒ Einschraubenschleppdampfer **ORANJE II** / S. 90

Schraubenschleppdampfer BRAUNKOHLE II (II) im April 1939 bei Bonn-Rheindorf.

Einschraubenmotorschlepper **BRAUNKOHLE VIII** (II)
1937 / Ewald Berninghaus, Duisburg (632) / 350 PSe; 23,6 x 6,3 m
Erbaut für Reederei „Braunkohle" G.m.b.H. & Co., Köln; 8.1940 Kriegsmarine, Unternehmen „Seelöwe",
R 70 S; 1941 zur Donau überführt, zeitweise an Erste Donau-Dampfschiffahrts-Ges., Wien; 14.6.1944
Räumschiff Inspekteur Minenräumdienst Donau, Gr. Untere Donau/C; 7.9.1944 Donau, bei km 860/65
(Prahovo) selbst versenkt.

Motorschlepper vom Typ BRAUNKOHLE VIII / IX (II) in Worms.

Einschraubenmotorschlepper **BRAUNKOHLE IX** (II)
1937 / Ewald Berninghaus, Duisburg (633) / 350 PSe; 23,6 x 6,3 m
Erbaut für Reederei „Braunkohle" G.m.b.H. & Co., Köln; 8 1940 Kriegsmarine, Unternehmen „Seelöwe",
R 83 S; 1941 zur Donau überführt, zeitweise an Erste Donau-Dampfschiffahrts-Ges., Wien; 1941 Seetransportstelle Kertsch; 2.1943 bei Rostow selbst versenkt.

BRAUNKOHLE IX (II) unmittelbar vor Übergabe an die Kriegsmarine. Die Kennung steht für
R (= Rotterdam), 83 (= lfd. Nr.), S (= Schleppfahrzeug).

Doppelschraubenmotorschlepper **BRAUNKOHLE X** (II)
1940 / Ewald Berninghaus, Duisburg (657) / 2 x 375 = 750 PSe; 48,5 x 7,4 m
Erbaut für Reederei „Braunkohle" G.m.b.H. & Co., Köln; 1960 außer Dienst, Bootshaus Bröhl in Köln; 1999
Bootshaus in Köln-Rodenkirchen.

Motorschlepper BRAUNKOHLE X (II) am 29. Juli 1954 in Mannheim.

Seitenradschleppdampfer METZ ⇒ VEREINIGUNGSGESELLSCHAFT RHEINISCHER BRAUNKOHLEN-BERGWERKE M.B.H. NO. VI – FRIEDRICH HASCHKE (I) / S. 31

Seitenradschleppdampfer METZ während des Zweiten Weltkrieges. Das Schiff führte weder die Schornsteinmarke der „Braunkohle" noch die der CGNR und behielt seinen französischen Namen.

Raddampfer METZ nach seiner Wiederherstellung am 22. August 1949 an der Loreley.

Doppelschraubenschleppdampfer **PASTEUR**

1919 / Nantes / 2 x 250 = 500 PSi, 38,0 x 6,3 m

Erbaut für Office National de la Navigation, Paris, **TARN**; 1921 Société Française de Remorquage sur le Rhin, Rotterdam (ab 1928: Strasbourg); 1926 **PASTEUR**; um 1940 in Dünkirchen nach Bombentreffer versenkt, gehoben und repariert; 7.1941 Kriegsmarine, Unternehmen „Seelöwe"; 1942 Reichsverkehrsministerium; 7.1942 Reederei „Braunkohle" G.m.b.H. & Co., Wesseling, in Charter; 1.1943 Raab Karcher GmbH, Duisburg, in Charter; 1947 noch unter französischer Flagge in Fahrt.

PASTEUR, hier vor 1926 als TARN unterhalb des Mäuseturms bei Bingen havariert.

Doppelschraubenschleppdampfer **RICHELIEU**

1919 / Duchesne & Bossière, Le Havre / 2 x 250 = 500 PSi; 34,3 x 6,3 m

Erbaut für Office National de la Navigation, Paris, **DOUBS**; 1921 Société Française de Remorquage sur le Rhin, Rotterdam (ab 1928: Strasbourg); 1926 verlängert; 1927 **RICHELIEU**; 1939 nach Dünkirchen überführt; 1940 versenkt, danach gehoben und repariert; 6.1941 Kriegsmarine, Unternehmen „Seelöwe"; 7.1942 Flak-Einbau; 7.1942 Reichsverkehrsministerium; 1942 „Braunkohle" G.m.b.H. & Co., Wesseling, in Charter; 1948 noch unter französischer Flagge in Fahrt.

RICHELIEU (vorn) im Winter 1947/48 im Duisburger Hafen.

Einschraubenschleppdampfer **CHALAMPÉ**
1918 / Christof Ruthof, Mainz-Kastel (645) / 300 PSi; 27,6 x 6,0 m
Erbaut für AG „Mainkette", Mainz, **MAINKETTE V**; 1921 Société d'Etudes pour la Navigation du Rhin, Strasbourg, **CHALAMPÉ 1**; 4.1927 Compagnie Générale pour la Navigation du Rhin, Strasbourg, **CHALAMPÉ**; 6.1940 in Dünkirchen beschädigt; 8.1940 Kriegsmarine, Unternehmen „Seelöwe"; 8.1942 Reichsverkehrsministerium; 10.1942 Reederei „Braunkohle" G.m.b.H. & Co., Wesseling, in Charter; nach 1945 in Rotterdam abgewrackt.

Schleppdampfer CHALAMPÉ nach 1924 in St. Goar.

Doppelschraubenmotorschlepper → Doppelschraubenschubschiff **BRAUNKOHLE VIII** (III)
1951 / Christof Ruthof, Mainz-Kastel (1335) / 1951: 2 x 200 = 400 PSe, 1972: 2 x 500 = 1.000 PSe; 30,7 x 6,9 m
Erbaut für Reederei „Braunkohle" G.m.b.H., Wesseling; 1972 Umbau zum Doppelschraubenschubschiff; 1984 abgewrackt.

Motorschlepper BRAUNKOHLE VIII (III) am 20. August 1952 bei Mannheim.

Schubschiff BRAUNKOHLE VIII (III) am 12. März 1978 in Koblenz.

Doppelschraubenmotorschlepper **BRAUNKOHLE IX** (II)
1951 / Christof Ruthof, Mainz-Kastel (1336) / 1951: 2 x 200 = 400 PSe, 1969: 2 x 620 = 1.240 PSe; 1951: 30,7 x 6,9 m, 1969: 31,1 x 6,8 m
Erbaut für Reederei „Braunkohle" GmbH, Wesseling; 1969 Thiel GmbH & Co. KG, Neuwied, **THIEL II**, Umbau zum Doppelschraubenschubschiff; 1978 SFT Schubfahrt AG, Basel, **ORCA**; 1978 **FRANZ**; 1979 B.S. Spiegels, Zierikzee, **BISON**; 1985 Martin Zijlmans, Maasbracht, **MEVO**; 1986 J. de Bruijn, Ameide, **ROANJA**; 1996 Gerhard Meyer Group, Linz, **ELIZABETH**; 2002 in Linz aufgelegt; im Herbst 2018 in Komárno verschrottet.

Motorschlepper BRAUNKOHLE IX am 23. Mai 1952 in Mannheim.

Doppelschraubenmotorschlepper (Stoßboot) **BRAUNKOHLE VII** (II)
1955 / Ewald Berninghaus, Duisburg (733) / 2 x 190 = 380 PSe; 15,2 x 5,2 m
Erbaut für Reederei „Braunkohle" GmbH, Wesseling; 1972 Elbe Transport Union GmbH, Hamburg,
PERKEO, Einsatz Waldhof–Mannheim; 1984 Slokkers Handel & Scheepvaartbedrijf BV, Zwijndrecht; 1990
J. Reijnierse, Dordrecht; 1993 abgewrackt.

Stoßboot BRAUNKOHLE VII (II) am 27. Mai 1960 zu Berg in Wesseling.

Doppelschraubenmotorschlepper → Doppelschraubenschubschiff **BRAUNKOHLE III** (III)
1956 / Ewald Berninghaus, Duisburg (743) / 1956: 2 x 750 = 1.500 PSe, 1965: 2 x 900 = 1.800 PSe; 37,1 x 8,7 m
Erbaut für Reederei „Braunkohle" GmbH, Wesseling; 1965 Umbau zum Doppelschraubenschubschiff;
1971 Hauck, Eberbach, **DAUDERLE**; 1973 Anlagen Leasing AG, Küsnacht, **RIGI 1**; 1979 Harpener Bergbau
AG, Duisburg, **HARPEN 10**; 1989 M. Seinen, Rotterdam, **ALEXANDER**; 1991 abgewrackt.

Motorschlepper BRAUNKOHLE III (III), im Hintergrund die DRACHENFELS der „Köln-Düssel-dorfer".

Doppelschraubenmotorschlepper → Doppelschraubenschubschiff **BRAUNKOHLE V** (II)
1959 / Bayerische Schiffbauges., Erlenbach (904) / 1959: 2 x 600 = 1.200 PSe, 1970: 2 x 750 = 1.500 PSe;
38,1 x 8,8 m
Erbaut für Reederei „Braunkohle" GmbH, Wesseling; 1970 Umbau zum Doppelschraubenschubschiff;
1977 Bitran AG, Basel, **KN II**; 1983 abgewrackt.

Motorschlepper BRAUNKOHLE V (II) im Herbst 1963 bei Gernsheim.

BRAUNKOHLE V (II) nach Umbau zum Schubschiff.

Doppelschraubenmotorschlepper **BRAUNKOHLE IV** (II) ⇒ Einschraubenschleppdampfer **ORANJE I** (I) / S. 89

Motorschlepper BRAUNKOHLE IV (II) am 15. Oktober 1966 bei Gernsheim.

Doppelschraubenschubschiff → Dreischraubenschubschiff **BRAUNKOHLE I** (III)

1967 / Hilgers AG, Rheinbrohl (4062) / 1967: 2 x 850 = 1.700 PSe; 27,0 x 9,5 m; 1974: 2 x 850 + 1 x 1.800 = 3.500 PSe; 40,0 x 11,4 m

Erbaut für Reederei „Braunkohle" GmbH, Wesseling; 1974 neu motorisiert und umgebaut; 1977–1983 in Charter Lehnkering Montan Transport AG, Duisburg; 1984 abgewrackt.

Schubschiff BRAUNKOHLE I (III) um 1967 in Koblenz.

Einschraubenmotorschlepper (Stoßboot) **BRAUNKOHLE VI** (III)

1929 / Ernst Menzer, Bergedorf / 1929: 80 PSe, 19..: 420 PSe, 1967: 220 PSe; 15,8 x 4,2 m

Erbaut für Allgemeine Oel-Handelsges. m.b.H., Hamburg, **OELHAG 4**; 11.1931 **FRITZ**; 7.1935 Deutsch-Amerikanische Petroleum-Ges., Hamburg, **STANDARD 55**; 1.1949 **ESSO 55**; 8.1950 Waried Tankschiff Rhederei GmbH, Hamburg; 8.1956 Esso Tankschiff Reederei, Hamburg; 2.1974 Reederei „Braunkohle" GmbH, Köln, **BRAUNKOHLE VI** (III); 1978 Lieven GmbH, Xanten, **RHEINSTROM**.

Stoßboot BRAUNKOHLE VI (III) im Mai 1974.

4.2 Barkassen

Motorbarkasse **BRAUNKOHLE XVII**
1941 / Albert Bonné, Hamburg (344?) / 1941: 90 PSe 195.: 200 PSe, 1974: 300 PSe; 18 x . m
Vermutlich identisch mit **WESER-FLUG 44**, erbaut für Weser-Flugzeugbau, Einswarden; 9.1952 C.H.W. Behrens, Hamburg, **WESER**; 5.1953 Reederei „Braunkohle" GmbH, Wesseling, **BRAUNKOHLE XVII**; 9.1956 Paul Meyer (Fa. Adolph Röper), Hamburg, **CARL**; 12.1979 Detlef Schildhauer (Fa. Adolph Röper), Hamburg; 1985 abgewrackt.

Motorbarkasse BRAUNKOHLE XVII am 9. August 1953.

Motorbarkasse **BRAUNKOHLE XII** (II)
Ca. 1943 / C. Jastram, Hamburg-Bergedorf (aus 196–211), Rumpf in Berlin erbaut / 75 PSe; 13,6 x 2,9 m
Vermutlich erbaut für Oberkommando der Luftwaffe (Kommando der Schiffe und Boote der Luftzeuggruppe See) als Torpedofangboot (Typ FL. T III) aus **FL. T 301 – FL. T 328**; 7.1955 Ankauf von unbekanntem Eigner durch Reederei „Braunkohle" GmbH, Wesseling, **BRAUNKOHLE XII** (II); Verbleib unbekannt.
Die oben genannten technischen Daten entstammen dem Rheinschiffs-Register 1953. Für den Torpedofangboottyp sind diese Daten bekannt: 150 PSe; 17,1 x 2,8 m.

Barkasse BRAUNKOHLE XII (II) am 29. Mai 1953.

Motorbarkasse **BRAUNKOHLE XI** (II)
1949 / Scheel & Jöhnk, Hamburg (339) / 53 PSe; 15,4 x 3,8 m
Erbaut für HADAG, Hamburg, **JOLLENFÜHRER 17**; 8.1969 HADAG Seetouristik und Fährdienst AG, Hamburg; 11.1970 Dr. Tönjes Cordes, Hamburg; 12.1975 Reederei „Braunkohle" GmbH, Wesseling, **BRAUNKOHLE XI** (II); Verbleib unbekannt.

4.3 Güterdampfschiff / Motorgüterschiffe

Güterdampfschiff **UNION NO. 2**
vor 1904 / . / 60 PSi; . x . m
… vor 1912 Gasmotorenfabrik Köln-Deutz, **LOTTE**; 191. Braunkohlen-Brikett-Verkaufsverein G.m.b.H.,
Köln, **UNION NO. 2**; …

Einschraubenmotorgüterschiff **BRAUNKOHLE A GRUBE FORTUNA** (I)
1939 / Christof Ruthof, Mainz-Kastel (1150) / 500 PSe; 76,2 x 8,2 m
Erbaut für Reederei „Braunkohle" GmbH & Co., Wesseling; 6.1972 Kurt Sehnert, Ochsenfurt, **ANDREA CLAUDIA**.

BRAUNKOHLE A GRUBE FORTUNA am 19. September 1952 in Mannheim.

Motorgüterschiff BRAUNKOHLE A GRUBE FORTUNA (I) am 28. Juni 1964 in Mannheim.

Einschraubenmotorgüterschiff **BRAUNKOHLE A** (II) → **ORANJE 15** / S. 96

BRAUNKOHLE A (II) am 12. Juli 1976.

Einschraubenmotorgüterschiff **BRAUNKOHLE B RODDERGRUBE** (I) → Motortankschiff **UNION VII** /→ S. 65
1939 / Christof Ruthof, Mainz-Kastel (1151) / 1939: 500 PSe, 1963: 600 PSe; 76,2 x 8,2 m
Erbaut für Reederei „Braunkohle" GmbH & Co., Wesseling; 10.1954 Umbau zum Kesseltankschiff,
UNION VII; 6.1973 Compagnie d'Andress, Antwerpen, **GASCAR 1**.

Motorgüterschiff BRAUNKOHLE B RODDERGRUBE (I) am 10. September 1953 in Mannheim.

BRAUNKOHLE B (II) ⇥ **UNION IX** / S. 66

BRAUNKOHLE B am 25. Dezember 1961 auf dem Neckar in Mannheim.

Doppelschraubenmotorgüterschiff **BRAUNKOHLE C** (I) → **BRAUNKOHLE C RODDERGRUBE**
1940 / Bayerische Schiffbauges. m.b.H. (vorm. Schellenberger), Erlenbach (692) / 2 x 500 = 1.000 PSe;
80,0 x 9,5 m
Erbaut für Reederei „Braunkohle" GmbH & Co., Köln als Schleppkahn **BRAUNKOHLE 38** (⇥ S. 75); 1950
motorisiert, **BRAUNKOHLE C** (I); 10.1954 **BRAUNKOHLE C RODDERGRUBE**; ca. 1964 Anbau von Schub-
schultern, die später wieder entfernt wurden; 1971 A. Wolz und A. Brandt, Collenberg/Main; 1979 H.P.
Distel, Monheim, **STADT MONHEIM**; 2000 Donau Star Schiffahrt und Spedition GmbH & Co. KG,
Regensburg, **DONAU STAR IV**; 2005 Metaltrans SP Trans Ltd., Vidin, **KAPITAN STANCHEV**; 2000
Donaustar O.O.D., Russe, **DOBRICH**.

BRAUNKOHLE C am 10. September 1953 in Mannheim.

Doppelschraubenmotortankschiff **BRAUNKOHLE C** (II)

1954 / Meidericher Schiffswerft, Duisburg (254) / 1954: 2 x 350 = 700 PSe; 67,0 x 8,2 m; 19..: 2 x 365 = 730 PSe, Bugstrahl: 1 x 120 PSe; 85,0 x 8,2 m

Erbaut für Rheinische Mineral Transport GmbH, Köln, **SILICIUM** I; 19.. Reederei „Braunkohle" GmbH, Wesseling, **BRAUNKOHLE C** (II); 1981 H. Oostland, Giesbeek, **ALPHA**; 1981 River Silicium AG, Basel, **SILICIUM**; 1984 Bahaco AG, Basel; 1986 L. Koopmans, Hendrik-Ido-Ambacht; 1987 S.H. Brink, Amsterdam, **POLARIS**; 2011 Mira Forti NV (Jan van Sandijk & K. Romeijnders), Maasbracht, **MIRA-CEDENATHO**.

Motorgüterschiff BRAUNKOHLE C (II) am 25. Januar 1980 in Mannheim.

Einschraubenmotorgüterschiff **BRAUNKOHLE D** → Einschraubenmotortankschiff **UNION III** / → S. 62

1940 / Bayerische Schiffbauges. m.b.H. (vorm. Schellenberger), Erlenbach (694) / . PSe; . x . m

Erbaut für Reederei „Braunkohle" GmbH & Co., Wesseling, als Schleppkahn **BRAUNKOHLE 40** (→ S. 75); 1950 motorisiert, **BRAUNKOHLE D**; 11.1950 Umbau zum Ammoniaktanker, **UNION III**.

4.4 Motortankschiffe

Einschraubenmotortankschiff **NAVITAS I** ⇥ **UNION IV** (II) / S. 63, 105

NAVITAS I am 13. Juli 1977.

Einschraubenmotortankschiff **ORANJE 16** ⇥ S. 105
1957 / Bayerische Schiffbauges. m.b.H. (vorm. Schellenberger), Erlenbach (891) / 1957: 420 PSe; 57,5 x 7,5 m, 19..: 650 PSe; 80,0 x 7,5 m
Erbaut für Braunkohle Reederei GmbH, Wesseling; 11.1957 N.V. Brandstoffenhandel en Reederij, Amsterdam; 1960 Amstelland Rederij BV, Amsterdam; 1975 Antwerpse Kustvaart Maatschappij NV, Boom; 1988 Ivaco PvbA, Aartselaar, **LISAN**; 1988 Fokko BV, Rotterdam; 198. Gebr. Kramer, Rotterdam; 1991 abgewrackt.

Einschraubenmotortankschiff **UNION I** (I)
1939 / Bayerische Schiffbauges. m.b.H. (vorm. Schellenberger), Erlenbach (683) / 500 PSe; 67,0 x 8,2 m
Erbaut für Reederei „Braunkohle" G.m.b.H. & Co., Köln; 194. Kriegsverlust „im Osten".

Motortankschiff UNION I (I).

Einschraubenmotortankschiff **UNION I** (II) ⇒ **ORANJE 18** / S. 100

Motortankschiff UNION I (II), hier am 24. Juni 1995 unter der Flagge der RSB Logistic.

Einschraubenmotortankschiff **UNION II** (II)
1963 / Bayerische Schiffbauges. m.b.H. (vorm. Schellenberger), Erlenbach (961) / 900 PSe;
1963: 85,0 x 9,5 m, 19..: 110,0 x 9,5 m
Erbaut für Transico AG, Zug, **EUROPATANK 1**; 1969 Reederei „Braunkohle" GmbH, Wesseling,
UNION II (II); 1993 Brabo Luxemburg SARL, Ehnen.

Motortankschiff UNION II (II) am 20. August 1993.

Einschraubenmotortankschiff **UNION III** ⇒ Einschraubenmotorgüterschiff **BRAUNKOHLE D** / S. 59

Motortankschiff UNION III am 14. Dezember 1991 bei Weißenthurm.

Einschraubenmotortankschiff **UNION IV** (I) / ⇒ S. 86
1941 / Schiffswerft Linz A.-G., Linz (aus 850–885) / 600 PSe; 72,7 x 9,1 m
Erbaut für Reichsverkehrsministerium, Berlin, „Tankschlepp Typ M", **WT 107**, an Bayerischer Lloyd,
Regensburg übertragen, Tankkahn **BL 718**; 1952 Reederei „Braunkohle" GmbH, Wesseling, als Methanol-
tanker, **UNION IV** (I); 1956 motorisiert; 11.1969 Nikolaus Kaufer KG, Berlin, HO: Wörth/Main,
MAINTANK 16; 1970 Erik Walther, Schweinfurt, **STADT GERA**.

UNION IV am 20. Januar 1963 auf dem Neckar im Unterwasser der Schleuse Feudenheim.

Einschraubenmotortankschiff **UNION IV** (II) → **NAVITAS I** → **ORANJE 21** → **UNION XI** (II) → **NAVITAS I /** S. 60, 105
1974 / Płocka Stocznia Rzeczna, Płock / 1.000 PSe; 95,1 x 9 5 m
Erbaut für einen vermutlich niederländischen Besteller, **FRANS**; 1975 Reederei „Braunkohle" GmbH, Wesseling, **UNION IV** (II); vor 1977 **NAVITAS I**; 1980 Rederij Amstelland BV, Amsterdam, **ORANJE 21**; 1987 Reederei „Braunkohle" GmbH, Wesseling, **UNION XI** (II); 2004 RBS Logistic GmbH, Köln; 2005 …, Duisburg; 2007 Union Shipping, Rotterdam; 2016 v. Barsch, Bremen, **LENA**.

UNION XI (II) am 19. Juli 1997.

Einschraubenmotortankschiff **UNION IV** (III)
1970 / BV Scheepswerf & Machinefabriek Vahali, Gendt (430) / 1.000 PSe; 1970: 95,0 x 9,6 m, 19..: 110,0 x 10,5 m
Erbaut für Weststellingwerf, Millingen d/d Rijn, **WESTSTELLINGWERF**; 1977 Intermas pvba, Gent,
JEAN II; 19.. Reederei „Braunkohle" GmbH, Wesseling, **UNION IV** (III); 19.. Will Tankfahrt GmbH, Munsbach; 2002 Transshipping, Brecht, **BEAUFORT**; 2004 Fluvia GmbH, Hamburg, **PIZ KESCH**; 2005 ., Marktheidenfeld, **BRIENZERSEE**; 2006 Befrag AG, Birsfelden.

Motortankschiff UNION IV (III) am 2. Oktober 1996 bei Remagen.

Einschraubenmotortankschiff **UNION V** (I)
1936 / Deggendorfer Werft und Eisenbau G.m.b.H., Deggendorf (131) / 400 PSe; 71,5 x 9,1 m
Erbaut für Bayerischer Lloyd, Regensburg, Tankkahn **BL 785**; 1952 Reederei „Braunkohle" GmbH, Wesseling, als Methanoltanker, **UNION V** (I); motorisiert; 6.1972 Erik Walther, Schweinfurt, **STADT HASSFURT**.

Motortankschiff UNION V (I) am 6. April 1971 bei Mannheim.

Einschraubenmotortankschiff **UNION V** (II)
1974 / Płocka Stocznia Rzeczna, Płock / 1.000 PSe; 95,1 x 9,5 m
Erbaut für einen vermutlich niederländischen Besteller, **SOPHIA**; 1976 Reederei „Braunkohle" GmbH, Wesseling, **UNION V** (II); 1977 Chemgas BV, Rotterdam, **GHIBLI**.

Einschraubenmotortankschiff **UNION VI**
1954 / Bayerische Schiffbauges. m.b.H. (vorm. Schellenberger), Erlenbach (852) / 430 PSe; 57,5 x 7,5 m
Erbaut für Reederei „Braunkohle" GmbH, Wesseling als Ammoniaktanker; 10.1969 Nikolaus Kaufer KG, Berlin, HO: Wörth/Main, **MAINTANK 7**; 1977 Altank AG, Basel, **ANDREA**; 1983 Nedor BV, Rotterdam, **IMPULS**; 1993 Vof. Hartmans & Zn., Sas van Gent, **CHARON**; 2004 Repo BV, Rossum, **RICH**; 2005 Jowi Tanktransporten BV (F. Tullemans), Oosterhout, **JOWI**; 2007 International Slop Disposal BV, Rotterdam, **HYDROVAC 6**.

Motortankschiff UNION VI am 29. Juli 1955 bei Mannheim.

Einschraubenmotortankschiff **UNION VII** ⇒ Einschraubenmotorgüterschiff **BRAUNKOHLE B RODDER-GRUBE** (I) / S. 57

Motortankschiff UNION VII am 22. Mai 1972 bei Eich.

Einschraubenmotortankschiff **UNION VIII**
1956 / Bayerische Schiffbauges. m.b.H. (vorm. Schellenberger), Erlenbach (875) / 420 PSe; 80,0 x 7,5 m
Erbaut für Reederei „Braunkohle" GmbH, Wesseling, als Ammoniaktanker; 1980 Tarta Reederei AG,
Basel, **UNITAS**; 1980 R. Fischer, Kehl; 198. …, **MARTINA**; 1983 Fides Rederij, Moerdijk, **FIDES**; 2014 Jowi
Tanktransporten BV (F. Tullemans), Oosterhout, **JOWI**.

Motortankschiff UNION VIII am 5. Juni 1960 in Ludwigshafen.

Einschraubenmotortankschiff **UNION IX** ⇢ Einschraubenmotorgüterschiff **BRAUNKOHLE B** / ⇢ S. 58
1958 / Bayerische Schiffbauges. m.b.H. (vorm. Schellenberger), Erlenbach (898) / 1958: 600 PSe; 72,1 x 8,2
m; 19..: zusätzlich Bugstrahl: 290 PSe; 84,9 x 8,2 m
Erbaut für Reederei „Braunkohle" GmbH, Wesseling; 1961 Umbau zum Motorgüterschiff, **BRAUN-
KOHLE B**; 1977 Bernhard Kaufer, Würzburg, **IPHOVEN**; 1988 Sigrid Barthel, Haßfurt, **SANDRA**; 1992
Detlef Selmke, Hörstel, **STADT LINDENFELS**; 2014 Mors, Wrocław.

Einschraubenmotortankschiff **UNION X** ⇢ Kranschiff **BRAUNKOHLE 29** / S. 88
1921 / Bayerische Schiffbauges. m.b.H. (vorm. Schellenberger), Erlenbach / 600 PSe, später: 1.210 PSe,
zusätzlich Bugstrahl: 350 PSe; 84,9 x 9,5 m
Erbaut für Reederei „Braunkohle" GmbH, Wesseling, als Kranschiff, **BRAUNKOHLE 29**; 1957 Umbau zum
Tankschiff, **UNION X**; 1980 Helena BV, Alblasserdam, **HELENA ADRIAAN**; 1985 J.T. Neijenhoff,
Maasbracht, **JOHN THERESE**; 1993 Vof. van Loon-Moonen, Zwijndrecht, **INNVENDO**; 2001 Vof. Brijder
Hovestadt, Werkendam, **PORTUNUS**; 2007 D.H. van de Molen, Hasselt, **DEO VOLENTE**.

Einschraubenmotortankschiff **UNION XIII** / ⇢ Schleppkahn **BRAUNKOHLE 39** / S. 75
1940 / Bayerische Schiffbauges. m.b.H. (vorm. Schellenberger), Erlenbach (693) / 600 PSe; 83,2 x 9,4 m B
Erbaut für Reederei „Braunkohle" GmbH, Wesseling, als Schleppkahn, **BRAUNKOHLE 39**; 1960 Umbau
zum Ammoniaktanker, **UNION XIII**; 1993 RBS Logistic GmbH, Köln; 2007 Union Shipping BV, Zwijndrecht; 2011 MB-Gas Oil, Belgrado, **ORION**.

Motortankschiff UNION XIII am 29. August 1993 bei Ehrental.

Die Reederei und Spedition „Braunkohle" GmbH übernahm eine Reihe von Motortankschiffen in Zeit-charter. Davon sind nachweisbar:

Einschraubenmotortankschiff **MARIA UNION XVIII** → **UNION XXII** / ⇒ S. 69
1973 / Hermann Sürken, Papenburg (265) / 1973: 1.100 PSe; 85,0 x 9,0 m; 19..: 100,0 x 9,0 m
Erbaut für Gesellschaft für Binnenschiffahrt, Berlin, **BETA TANK**; 197. TLW GmbH & Co. KG, Hamburg,
SCHWARZMEER (n.a.A. **SCHWARZSEE**); 1978 Guna AG, Basel, **LENZERHEIDE**; 1982 TLW GmbH & Co.
KG, Hamburg, **MARIELLE**; 1985 E. Venema, Heiligerlee, **MARIA**; ca. 1989 in Zeitcharter der Reederei und
Spedition „Braunkohle" GmbH, Wesseling, **MARIA UNION XVIII**, 19.. **UNION XXII**; 1993 **MARIA**; 1996
Benz & Philippin GmbH & Co. KG, Rheinberg, **TANKPARTNER**; 2003 Lacon Shipping, Marktheidenfeld,
TSOENAMI; 2013 abgewrackt.

Motortankschiff MARIA UNION XVIII am 9. September 1988 bei Urmitz.

Einschraubenmotortankschiff **WOLGA UNION XXI**
1964 / N.V. Scheepswerf Westerbroek v/h J.G. Bröerken, Westerbroek (178) / 1964: 620 PSe; 67,0 x 8,2 m;
19..: 800 PSe, 83,7 x 8,2 m
Erbaut für De Humber NV, Amsterdam, **BORIS**; 1970 Carel Peters Rederij NV, Arnhem; 1977 De Ruiter Lammers BV, Beneden-Leeuwen; 1982 K.D. Libera, Gescher; 1986 Tunsa AG, Basel, **BORA**; 1988 K.D. Libera, Würzburg, **WOLGA**; ca. 1988 in Zeitcharter der Reederei und Spedition „Braunkohle" GmbH, Wesseling, **WOLGA UNION XXI**; 1990 K.D. Libera, Gescher, **ALHENA**; 1992 L. Philippin, Duisburg, **RAAB KARCHER 205** (Zeitcharter Raab Karcher); 1995 **RUDOW**; 2001 A. Reich, Marne, **LENA**; 2011 Kazuk DOO, Belgrado.

Motortankschiff WOLGA UNION XXI im Februar 1989 in Andernach.

Motortankschiff WOLGA UNION XXI am 8. Juli 1989.

Einschraubenmotortankschiff **UNION XXII** ⇒ Einschraubenmotortankschiff **UNION XVIII** / S. 67

UNION XXII am 30. März 1990 bei Rüdesheim.

Einschraubenmotortankschiff **UNION XXIII**
1963 / Schiffswerft Oberwinter, Oberwinter (181) / 800 PSe; 1963: 80,0 x 9,5 m, 19..: 99,8 x 9,5 m
Erbaut für Ritaro Riviertankvaart BV, Rotterdam, **TANKVAART 22**: ca. 1989 in Zeitcharter der Reederei und
Spedition „Braunkohle" GmbH, Wesseling, **UNION XXIII**. 1990 Hansa GmbH, Hamburg, **HANSA 60**; 1992
M. Lattin, Marktheidenfeld, **GITTA**; 1999 Gebr. Schmickirg, Neukirchen, **WILLI S**; 2013 …, Nigeria.

Motortankschiff UNION XXIII am 20. Januar 1990 im Hafen Andernach.

Einschraubenmotortankschiff **BLOMENDAL UNION XXIV**

1959 / Schiffswerft Oberwinter, Oberwinter (159) / 750 PSe; 67,0 x 8,2 m, 19..: 78,0 x 8,2 m

Vermutlich in Auftrag gegeben durch Stöck & Fischer, Duisburg, abgeliefert an Dea Brennstoffhandel GmbH, Frankfurt am Main, **DEA 22**; 19.. Deutsche Texaco GmbH, Duisburg, **TEXACO 22**; 19.. W. Nordemann, Bremen, **BLOMENDAL**; ca. 1989 in Zeitcharter der Reederei und Spedition „Braunkohle" GmbH, Wesseling, **BLOMENDAL UNION XXIV**; 1990 A.H.W. Vegter, Zwijndrecht, **UNION XXIV**; 1991 W.E. van Zanten, Merksem, **GALLAXA**; 2008 abgewrackt.

Motortankschiff BLOMENDAL UNION XXIV.

4.5 Bunkerboote

Doppelschraubenbunkerboot **BRAUNKOHLE XI** (II)

1943 / Schimag, Mannheim (aus 589–591?) / 2 x 125 = 250 PSe; 22,5 x 6,0 m

Vermutlich erbaut für W. Trost, Hamburg, **ORION**; 19.. Karl Franz, Marktbreit; 9.1952 Reederei „Braunkohle", Wesseling, **BRAUNKOHLE XI** (II); 1963 Josef Bauer, Trier, **GÜNTHER**.

Bunkerboot BRAUNKOHLE XI (II) am 27. Mai 1960.

Einschraubenbunkerboot **BRAUNKOHLE XIV** (II)
1958 / Hilgers AG, Rheinbrohl (8378) / 250 PSe; 31,9 x 5,3 m
Erbaut für Reederei „Braunkohle" GmbH, Wesseling; 2004 Duo Fheintrans BV, Zwijndrecht; 2006 Ships
Waste Oil Collectors BV, Rotterdam, **AQUA AMISIA**.

Bunkerboot BRAUNKOHLE XIV (II) am 15. Oktober 1990 in Wesseling.

4.6 Feuerlöschboot

Feuerlöschboot **BRAUNKOHLE VII** (II) → **BRAUNKOHLE XVIII**
1935 / Fritz Bausch, Köln-Deutz (87) / 85 PSe; 16,3 x 2,9 m
Erbaut für Reederei „Braunkohle" GmbH & Co., Köln; 11.1955 **BRAUNKOHLE XVIII**; 8.1971 Ruth de Ryke,
Deil-Geldermalsen.

Feuerlöschboot BRAUNKOHLE VII (II) am 24. August 1950.

4.7 Schleppkähne

Name	Baujahr	Bauwerft	Abmessungen [m]	Bemerkungen
VEREINIGUNGSGES. RHEINISCHER BRAUNKOHLENBERG-WERKE M.B.H. NO. 1 → BRAUNKOHLE 1 (I)	1885	., Capelle a.d. Ijssel	72,6 x 7,6	ex T. SCHÜRMANN SÖHNE NO. 1 Kriegsverlust
VEREINIGUNGSGES. RHEINISCHER BRAUNKOHLENBERG-WERKE M.B.H. NO. 2 → BRAUNKOHLE 2 (I)	1887	A. Vuyk, Capelle a.d. Ijssel	67,5 x 9,2	ex T. SCHÜRMANN SÖHNE NO. 2 Kriegsverlust
VEREINIGUNGSGES. RHEINISCHER BRAUNKOHLENBERG-WERKE M.B.H. NO. 3 → BRAUNKOHLE 3 (I)	1891	Meijer, Zaltbommel	77,1 x 8,3	ex T. SCHÜRMANN SÖHNE NO. 3 Kriegsverlust
VEREINIGUNGSGES. RHEINISCHER BRAUNKOHLENBERG-WERKE M.B.H. NO. 4 → BRAUNKOHLE 4 (I)	1881	., Charlois	74,3 x 7,4	ex T. SCHÜRMANN SÖHNE NO. 4 Kriegsverlust
VEREINIGUNGSGES. RHEINISCHER BRAUNKOHLENBERG-WERKE M.B.H. NO. 5 → BRAUNKOHLE 5	1881	., Alblasserdam	74,4 x 7,2	ex T. SCHÜRMANN SÖHNE NO. 5 1963 gesunken und abgewrackt
VEREINIGUNGSGES. RHEINISCHER BRAUNKOHLENBERG-WERKE M.B.H. NO. 6 → BRAUNKOHLE 6 (I)	1881	., Charlois	74,4 x 7,3	ex T. SCHÜRMANN SÖHNE NO. 6 1953 Leonhard Leidel GmbH, Wesseling, LEIDEL 6
VEREINIGUNGSGES. RHEINISCHER BRAUNKOHLENBERG-WERKE M.B.H. NO. 7 → BRAUNKOHLE 7	1881	., Alblasserdam	74,5 x 7,2	ex T. SCHÜRMANN SÖHNE NO. 7 1961 abgewrackt
VEREINIGUNGSGES. RHEINISCHER BRAUNKOHLENBERG-WERKE M.B.H. NO. 8 → BRAUNKOHLE 8	1890	Meijer, Zaltbommel	87,7 x 9,5	ex T. SCHÜRMANN SÖHNE NO. 8 1962 abgewrackt
VEREINIGUNGSGES. RHEINISCHER BRAUNKOHLENBERG-WERKE M.B.H. NO. 9 → BRAUNKOHLE 9	1890	Meijer, Zaltbommel	87,9 x 9,9	ex T. SCHÜRMANN SÖHNE NO. 9 1956 abgewrackt

Name	Baujahr	Bauwerft	Abmessungen [m]	Bemerkungen
VEREINIGUNGSGES. RHEINISCHER BRAUNKOHLENBERG-WERKE M.B.H. NO. 10 → BRAUNKOHLE 10	1890	Meijer, Zaltbommel	88,0 x 9,9	ex T. SCHÜRMANN SÖHNE NO. 10 Kriegsverlust
VEREINIGUNGSGES. RHEINISCHER BRAUNKOHLENBERG-WERKE M.B.H. NO. 11 → BRAUNKOHLE 11	1895	Gebr. Pot, Bolnes	89,0 x 10,2	ex T. SCHÜRMANN SÖHNE NO. 11 1970 abgewrackt
VEREINIGUNGSGES. RHEINISCHER BRAUNKOHLENBERG-WERKE M.B.H. NO. 12 → BRAUNKOHLE 12	1896	Gebr. Pot, Bolnes	89,2 x 10,2	ex T. SCHÜRMANN SÖHNE NO. 12 1972 Nikolaus Kaufer, Würzburg, MAIN
VEREINIGUNGSGES. RHEINISCHER BRAUNKOHLENBERG-WERKE M.B.H. NO. 13 → BRAUNKOHLE 13	1896	Gebr. Pot, Bolnes	36,0 x 10,2	ex T. SCHÜRMANN SÖHNE NO. 13 1970 abgewrackt
VEREINIGUNGSGES. RHEINISCHER BRAUNKOHLENBERG-WERKE M.B.H. NO. 14 → BRAUNKOHLE 14	1885	v. d. Giessen, Slikkerveer	70,8 x 9,5	ex COSMOPOLIT II 1965 abgewrackt
VEREINIGUNGSGES. RHEINISCHER BRAUNKOHLENBERG-WERKE M.B.H. NO. 16 → BRAUNKOHLE 16	1879	Peter Kriens, Duisburg	61,9 x 8,0	ex T. SCHÜRMANN SÖHNE NO. 16 ex BERTHA Kriegsverlust
VEREINIGUNGSGES. RHEINISCHER BRAUNKOHLENBERG-WERKE M.B.H. NO. 17 → BRAUNKOHLE 17 (I)	1904	Gebr. Pot, Bolnes	86,2 x 11,2	ex T. SCHÜRMANN SÖHNE NO. 17 1921 Sté. Alsacienne de Navigation Rhénane, Strasbourg, LES ARDENNES
BRAUNKOHLE 17 (II)	1921	Gutehoffnungshütte, Walsum	80,0 x 9,5	1970 abgewrackt
VEREINIGUNGSGES. RHEINISCHER BRAUNKOHLENBERG-WERKE M.B.H. NO. 18 → BRAUNKOHLE 18 (I)	1904	Gebr. Pot, Bolnes	86,2 x 11,2	ex T. SCHÜRMANN SÖHNE NO. 18 1921 „Le Rhin", Sté. Générale de Navigation & d'Entrepôts, Strasbourg, PÉRSÉPHONE
BRAUNKOHLE 18 (II)	1921	Gutehoffnungshütte, Walsum	80,0 x 9,5	1970 abgewrackt
VEREINIGUNGSGES. RHEINISCHER BRAUNKOHLENBERG-WERKE M.B.H. NO. 19 → BRAUNKOHLE 19	1905	Meijer, Zaltbommel	86,2 x 11,2	ex T. SCHÜRMANN SÖHNE NO. 19 1970 abgewrackt

Name	Baujahr	Bauwerft	Abmessungen [m]	Bemerkungen
VEREINIGUNGSGES. RHEINISCHER BRAUNKOHLENBERG-WERKE M.B.H. NO. 20 → BRAUNKOHLE 20 (I)	1905	Gebr. Pot, Bolnes	90,4 x 11,2	ex T. SCHÜRMANN SÖHNE NO. 20 1921 Sté. Française de Navigation Rhénane, Strasbourg, TITAN
BRAUNKOHLE 20 (II)	1921	Gutehoffnungshütte, Walsum	80,0 x 9,5	1970 abgewrackt
VEREINIGUNGSGES. RHEINISCHER BRAUNKOHLENBERG-WERKE M.B.H. NO. 21 → BRAUNKOHLE 21 (I)	1907	Gebr. Pot, Bolnes	94,3 x 12,1	ex T. SCHÜRMANN SÖHNE NO. 21 1970 abgewrackt
VEREINIGUNGSGES. RHEINISCHER BRAUNKOHLENBERG-WERKE M.B.H. NO. 22 → BRAUNKOHLE 22 (I)	1907	Gebr. Pot, Bolnes	94,4 x 12,1	ex T. SCHÜRMANN SÖHNE NO. 22 1969 abgewrackt
VEREINIGUNGSGES. RHEINISCHER BRAUNKOHLENBERG-WERKE M.B.H. NO. 23 → BRAUNKOHLE 23	1908	Gebr. Pot, Bolnes	102,6 x 12,1	ex T. SCHÜRMANN SÖHNE NO. 23 1952 abgewrackt
VEREINIGUNGSGES. RHEINISCHER BRAUNKOHLENBERG-WERKE M.B.H. NO. 24 → BRAUNKOHLE 24	1908	Gebr. Pot, Bolnes	102,6 x 12,1	ex T. SCHÜRMANN SÖHNE NO. 24 Kriegsverlust
VEREINIGUNGSGES. RHEINISCHER BRAUNKOHLENBERG-WERKE M.B.H. NO. 25 → BRAUNKOHLE 25	1909	Gebr. Pot, Bolnes	99,6 x 11,5	ex T. SCHÜRMANN SÖHNE NO. 25
VEREINIGUNGSGES. RHEINISCHER BRAUNKOHLENBERG-WERKE M.B.H. NO. 26 → BRAUNKOHLE 26	1909	Gebr. Pot, Bolnes	99,6 x 11,5	ex T. SCHÜRMANN SÖHNE NO. 26 Kriegsverlust
VEREINIGUNGSGES. RHEINISCHER BRAUNKOHLENBERG-WERKE M.B.H. NO. 27 → BRAUNKOHLE 27	1881	Peter Boele, Slikkerveer	64,4 x 8,9	ex ANTIKE ex PRINZ WILHELM VON HESSEN Kriegsverlust
BRAUNKOHLE 1 (II)	1901	Berninghaus, Duisburg	78,8 x 10,0	1943 Bonner Portland Zementwerke AG, Bonn, BARBAROSSA; 1950 Reederei Braunkohle, Wesseling; 1963 Martin Weber, Haßmersheim, OBERLAND

Name	Baujahr	Bauwerft	Abmessungen [m]	Bemerkungen
BRAUNKOHLE 2 (II)	1904	Gebr. Junker, Kinderdijk	51,9 x 7,6	..., Trier, PORTA NIGRA 1955 Reederei Braunkohle, Wesseling; 1970 abgewrackt
BRAUNKOHLE 3 (II)	1896	Peter Boele, Slikkerveer	83,0 x 10,0	..., St. Goar, MADONNA III; 1955 Reederei Braunkohle, Wesseling; 1970 abgewrackt
BRAUNKOHLE 4 (II)	1906	Bodewes, Millingen	61,9 x 8,6	..., Heidelberg, JULKA; 11.1956 Reederei Braunkohle, Wesseling; 9.1968 Anton Wilhelm, Mainz, ANNELIESE
BRAUNKOHLE 6 (II)	1926	Schram & Zn., Bolnes		10.1958 Reederei Braunkohle, Wesseling; 9.1971 Gebr. Timmer & Zn., Rotterdam, MARCATO
BRAUNKOHLE 28	1917	Hoebée, Dordrecht	75,3 x 9,4	ex HERMANN FRIEDRICH
BRAUNKOHLE 31	1921	Gutehoffnungshütte, Walsum	78,5 x 9,5	Kriegsverlust
BRAUNKOHLE 32	1926	Gutehoffnungshütte, Walsum	110,1 x 13,-	1965 J.A. Arends, Rotterdam, ALPHA; 1970 H.A. Theuns, Zwijndrecht, ASTRID-T; 1970 Maritiem Transport Katwijk BV, Katwijk, MATRA
BRAUNKOHLE 33	1926	Berninghaus, Duisburg	110,3 x 13,-	1972 K.-H. Blum, Duisburg, METEOR
BRAUNKOHLE 34	1926	Ruthof, Mainz-Kastel	110,1 x 13,0	1952 abgewrackt
BRAUNKOHLE 35	1926	Boele, Bolnes	110,0 x 13,0	1965 C.M.L. Kriesels, Rotterdam, FRANS K; 1974 J.H. Tempelaars, Barendrecht, EPSILON; 1983 S. Jager, Rotterdam, EMMANUEL
BRAUNKOHLE 36	1926	v. d. Giessen, Krimpen	80,0 x 9,2	1973 T. v. d. Kuil, Heilbronn, LAGER U. TRANSPORT NR. 1
BRAUNKOHLE 37	1908	Wortelboer, Hoogezand	78,8 x 9,9	Kriegsverlust
BRAUNKOHLE 38	1940	Bayer. Schiffbauges., Erlenbach	80,0 x 9,5	⇒ Motorgüterschiff BRAUNKOHLE C / S. 58
BRAUNKOHLE 39	1940		30,0 x 9,5	⇒ Motortankschiff UNION XIII / S. 66
BRAUNKOHLE 40	1940		30,0 x 9,5	⇒ Motorgüterschiff BRAUNKOHLE D / S.59 ⇒ Motortankschiff UNION III / S. 59, 62
BRAUNKOHLE 41	1940		80,0 x 9,5	1968 Nikolaus Kaufer, Würzburg, HEINRICH KAUFER, motorisiert; 1989 Remy Fuchs, Kehl-Auenheim, GLENN MILLER; 1994 Vof. Scheepvaartondernehming, Heran-W, HERAN-W

Name	Baujahr	Bauwerft	Abmessungen [m]	Bemerkungen
BRAUNKOHLE 42	1941	Ruthof, Mainz-Kastel	95,3 x 11,7	1974 abgewrackt
BRAUNKOHLE 43	1942			
BRAUNKOHLE 44 (I) – BRAUNKOHLE 47 (I)	–	Ruthof, Mainz-Kastel	104,0 x 11,6	Bauauftrag sistiert
BRAUNKOHLE 48 (I)	1926	., Kruibeke	67,1 x 8,2	
BRAUNKOHLE 49 (I)	1928	Berninghaus, Duisburg	101,8 x 11,6	erb. f. Hennij Rijnschip NV, Rotterdam, PETER GLASMACHER; 1948 Reederei Braunkohle, Wesseling; 1965 J.A. Arends & C.M. Kreisels, Rotterdam, BOTLEK; 1969 L. van Deurzen, Roosendahl, LEENDERT; 1990 A.J.J. Oosterwaal, Zwijndrecht, RIEN SANS DIEU; 2004 Ecotrans Scheepvaartbedrijf, Rotterdam, ROBERTO; 2008 Vanos Shipping & Storage bvba, Merksem, ROMAN

Schleppkahn BRAUNKOHLE 11 am 15. August 1949.

Schleppkahn BRAUNKOHLE 12 am 13. August 1949.

Schleppkahn BRAUNKOHLE 14 am 25. September 1949.

Schleppkahn BRAUNKOHLE 17 am 1. März 1952 in Mannheim.

Schleppkahn BRAUNKOHLE 18 am 9. Juli 1949.

Schleppkahn BRAUNKOHLE 20 am 17. April 1953.

Schleppkahn BRAUNKOHLE 21 am 4. Juli 1953 in Mannheim.

Schleppkahn BRAUNKOHLE 22 am 27. August 1949.

BRAUNKOHLE 23, hier noch als T. SCHÜRMANN 23 beim Abturnen mit den Schleppern T. SCHÜRMANN II (links) und T. SCHÜRMANN VI (rechts).

Schleppkahn BRAUNKOHLE 25.

Schleppkahn BRAUNKOHLE 32 am 21. Februar 1955 in Mannheim.

Schleppkahn BRAUNKOHLE 33 am 6. September 1955 in Mannheim.

Schleppkahn BRAUNKOHLE 35 am 9. September 1949.

Schleppkahn BRAUNKOHLE 38 am 27. August 1949.

Schleppkahn BRAUNKOHLE 39 am 22. Juli 1949.

BRAUNKOHLE 41 am 7. August 1953 am Haken des Mannheimer Hafenschleppers GERMANIA (Hans Vatter GmbH).

Schleppkahn BRAUNKOHLE 42 am 27. Mai 1969 auf dem Main bei Flörsheim.

Schleppkahn BRAUNKOHLE 43 am 23. Mai 1969 bei Raunheim auf dem Main.

Schleppkahn BRAUNKOHLE 1 (II) im Hafenbecken I in Wesseling.

4.8 Schubleichter

Name	Baujahr	Bauwerft	Abmessungen [m]
BRAUNKOHLE 21 (II)	1970	Ruhrorter Schiffswerft, Duisburg	76,5 x 11,4
BRAUNKOHLE 22 (II)	1970	Ruhrorter Schiffswerft, Duisburg	
BRAUNKOHLE 44 (II)	1969	Hilgers AG, Rheinbrohl	
BRAUNKOHLE 45 (II)	1969	Hilgers AG, Rheinbrohl	
BRAUNKOHLE 46 (II)	1969	Hilgers AG, Rheinbrohl	
BRAUNKOHLE 47 (II)	1969	Hilgers AG, Rheinbrohl	
BRAUNKOHLE 48 (II)	1969	Hilgers AG, Rheinbrohl	
BRAUNKOHLE 49 (II)	1969	Hilgers AG, Rheinbrohl	70,0 x 9,5
BRAUNKOHLE 50	1963	De Biesbosch, Dordrecht	
BRAUNKOHLE 51	1966	Hilgers AG, Rheinbrohl	
BRAUNKOHLE 52	1966	Hilgers AG, Rheinbrohl	
BRAUNKOHLE 53	1966	Hilgers AG, Rheinbrohl	
BRAUNKOHLE 54	1966	Hilgers AG, Rheinbrohl	
BRAUNKOHLE 55	1966	Hilgers AG, Rheinbrohl	

Schubverband BRAUNKOHLE 52 und BRAUNKOHLE 53 mit „fremdem" Schubschiff LEHNKE-RING 11 – FRANKFURT (1964) am 31. Oktober 1966 bei Gernsheim zu Berg.

Schubverband am 24. März 1967 mit BRAUNKOHLE I (III) und zwei Schubleichtern, an Backbord BRAUNKOHLE 55.

4.9 Tankkähne

Tankkahn **UNION II** (I)
1930 / Gebr. Pot, Bolnes / 81,0 x 9,5 m
Erbaut für Deutsche Sinclair Petroleum GmbH, Köln, **MATHILDE**; 193. Pennsylvania Mineralöl & Kraftstoff-Vertrieb GmbH, Mannheim; 6.1939 Reederei „Braunkohle" G.m.b.H. & Co., Köln, **UNION II** (I); 9.1960 Transportonderneming Wicer Naamloze Vennootschap, Antwerpen.

Tankkahn UNION II (I) am 12. April 1952.

Tankkahn UNION II (I) in Karlsruhe.

4.10 Kranschiffe

Name	Baujahr	Bauwerft	Abmessungen [m]	Bemerkungen
BRAUNKOHLE 29	1921	Bayer. Schiffbauges., Erlenbach	67,3 x 9,6	→ Motortankschiff **UNION X** / S. 66
BRAUNKOHLE 30	1921	Bayer. Schiffbauges., Erlenbach	72,3 x 10,2	19.. Kölner Schiffswerft, Köln, **KSD I**
SCHWIMMKRAN NO. 1	1905	. , Bolnes	20,0 x 7,6	30 PSi (Kran)

Kranschiff BRAUNKOHLE 29, im Hintergrund BRAUNKOHLE VI (II).

Kranschiffe der „Braunkohle", links ein Schlepper der Compagnie Générale pour la Navigation du Rhin nach 1951.

Schiffe der
N.V. Brandstoffenhandel en Reederij, Amsterdam,
Amstelland Rederij BV, Amsterdam

5.1 Schlepper / Schubschiff

Einschraubenschleppdampfer **ORANJE I** (I) → Einschraubenschleppdampfer / Doppelschraubenmotorschlepper **BRAUNKOHLE I** (II) → **BRAUNKOHLE IV** (III) / ⇒ S. 45
1923 / Schimag, Mannheim / 1923: 400 PSi; 28,8 x 7,6 m; 1951: 2 x 400 = 800 PSe; 52,2 x 8,5 m
Erbaut für N.V. Brandstoffenhandel en Reederij, Amsterdam, **ORANJE I** (I); 1935 Reederei „Braunkohle"
G.m.b.H. & Co., Köln, **BRAUNKOHLE I** (II); 1951 motorisiert und umgebaut; 1966 **BRAUNKOHLE IV** (III);
1967 Zementpumpboot in Karlsruhe; 1982 abgewrackt.

Schleppdampfer ORANJE I (I).

*Besatzungsangehörige
von ORANJE I (I).*

Einschraubenschleppdampfer **ORANJE II** → Einschraubenschleppdampfer / Doppelschraubenmotorschlepper **BRAUNKOHLE II** (II) / ⇾ S. 46
1923 / Gebr. Sachsenberg AG, Roßlau (848) / 1923: 500 PSi; 37,2 x 7,5 m; 1952: 2 x 400 = 800 PSe; 52,5 x
8,6 m
Erbaut für N.V. Brandstoffenhandel en Reederij, Amsterdam, **ORANJE II**; 1935 Reederei „Braunkohle"
G.m.b.H. & Co., Köln, **BRAUNKOHLE II** (II); 1952 motorisiert und umgebaut; 1967 D. Kapteijn, Amsterdam;
1967 o. 1968 Koos Slurink, Kampen, Bunkerstation **POUWEL**; 1993 Dekker Kampen Bekeer BV, Kampen,
BUNKERSTATION DEKKER; 2002 Verwey, Kampen, **BUNKERSTATION VERWEY**.

Schleppdampfer ORANJE II vor 1935 an der Loreley.

Seitenradschleppdampfer **ORANJE III – ADOLF SILVERBERG** → **BRAUNKOHLE II** / → S. 27

Seitenradschleppdampfer ORANJE III – ADOLF SILVERBERG in Ludwigshafen.

Mittelschiff ORANJE III – ADOLF SILVERBERG mit Besatzungsmitgliedern und deren Familien-angehörigen.

ORANJE III – ADOLF SILVERBERG havarierte am 4. Februar 1928 auf Talfahrt oberhalb Lorch und sank nach schwerer Leckage im Vorschiff. Das Schiff hatte dabei die Kähne BRAUNKOHLE 3 und 33 im Schlepp. Das Vorschiff lag etwa 25 Meter vom Ufer auf Grund. Das Hinterschiff sackte ab und wurde bis zum hinteren Kesselmantel überflutet. Die Hebung erfolgte durch drei BRAUNKOHLE-Schlepper (Bild oben: im Vordergrund BRAUNKOHLE X). Nach erfolgter Hebung am 16. Februar 1928 wurde der Dampfer zur Sachsenberg-Werft in Köln-Deutz geschleppt und dort repariert.

Seitenradschleppdampfer **ORANJE IV – KONINGIN WILHELMINA** / → S. 44
1925 / Gebr. Sachsenberg, Roßlau (863) / 1.900 PSi; 80,0 x 22,6 / 1c,6 m
Erbaut für N.V. Brandstoffenhandel en Reederij, Amsterdam, **ORANJE IV – KONINGIN WILHELMINA**;
1935 Reederei „Braunkohle" G.m.b.H. & Co., Köln, **BRAUNKOHLE IV** (II); 1938 **BRAUNKOHLE IV –
GUSTAV WEGGE**; 1945 bei Ariendorf versenkt, danach gehoben und repariert; 2.1960 abgewrackt.

Seitenradschleppdampfer ORANJE IV – KONINGIN WILHELMINA vor der Burg Pfalzgrafenstein.

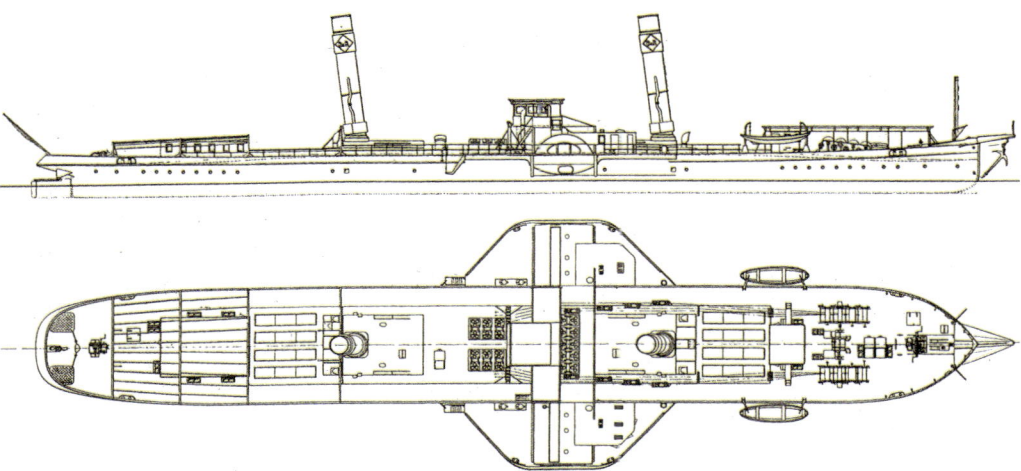

Generalplan ORANJE IV – KONINGIN WILHELMINA.

Dreischraubenschubschiff **ORANJE I** (II)

1970 / Ewald Berninghaus, Köln-Deutz (805) / 1970: 3 x 1.000 = 3.000 PSe; 1985: 3 x 1.200 = 3.600 PSe; 32,0 x 12,0 m

Erbaut für Amstelland Rederij BV, Amsterdam, **ORANJE I** (II); 1978–1980 in Charter Lehnkering; 1985 HO: Rotterdam; 1986 Karl Noël Scheepvaart & Expeditie BV, Rotterdam, **KN II – DOMINIQUE**; 1990 F. Leinenga, Dordrecht, **ALLIGATOR**; 1992 European Aqua Trading Sarl NV, Ehnen; 1995 Renates, Dordrecht und C. Ruijtenberg, Werkendam, **GAVIALIS**; 6.1996 abgewrackt.

ORANJE I (II) um 1977/78 in Bug- und Heckansicht in Wesseling.

ORANJE I (II) am 10. Juni 1971 talfahrend mit Schubverband bei Rossum.

Die Reederei „Braunkohle" transportierte ab 1971 Phosphat per Schubleichter von Rotterdam nach Wesseling. Berg- und Talfahrten erfolgten in der Regel in Viererverbänden. Da hierbei einige navigatorisch schwierige Strecken – Benrath, Neuss, Düsseldorf, Krefeld und Baerl – durchlaufen werden mussten, versah man ab 1973 einige Leichter mit Kopfrudern. Die Steuerbarkeit eines solchen Verbandes wurde damit wesentlich verbessert. Am 11. Juni 1975 erfolgte erstmals eine Versuchsfahrt mit sechs leeren Schubleichtern in der Talfahrt, bei der zweimal jeweils drei parallel gekoppelte Leichter mit dem Schubschiff ORANJE I (II) zum Einsatz kamen. Hierbei verfügten zwei der drei vorderen Leichter über Kopfruderanlagen. Es zeigte sich, dass die Fahreigenschaften eines so gekoppelten Sechserverbandes günstiger waren als die eines Viererverbandes. So war u. a. die Windanfälligkeit geringer. Trotzdem setzte sich dieses neue Verfahren nicht durch, da bei Niedrigwasser Probleme auftraten.

5.2 Motorgüterschiffe

Einschraubenmotorgüterschiff **ORANJE 15** (I) ⇨ S. 57

1958 / Bayerische Schiffbauges. m.b.H. (vorm. Schellenberger), Erlenbach (897) / 1958: 750 PSe, 67,0 x 8,2 m, 19..: 1.000 PSe, 85,0 x 8.2 m

Erbaut für Brandstoffenhandel en Reederij NV, Amsterdam; 1960 Amstelland Rederij BV, Amsterdam; 1972 Reederei Braunkohle GmbH, Wesseling, **BRAUNKOHLE A** (II); 1977 Kaufer Reederei GmbH & Co. KG, Würzburg, **RANDERSACKER**; 1980 A. Troost & M. Vergult, Zwijndrecht, **SPECULANT**; 1983 A. Troost, Zwijndrecht; 2002 Den Hollander Van Blanken Vof, Harlingen, **MARJON**; 2003 Euromaritiem BV, Terneuzen; 20.. R. Camblain, Bleharies, **GULF STREAM**.

Motorgüterschiff ORANJE 15 (I) am 5. März 1967 in Mannheim.

Motorgüterschiff ORANJE 15 (I) an der Loreley.

Einschraubenmotorgüterschiff **ORANJE A**

1972 / Kramer & Booy, Kootstertille (176) / 1972: 1.000 PSe; 79,6 x 9,5 m; 19..: zusätzlich Bugstrahl: 260 PSe; 99,7 x 9,5 m

Erbaut für Nautica Gesellschaft für Handel und Verkehr, Berlin, **NAUTICA 1**; 1975 A. de Clerck, Merksem, **THEODELA**; 1984 Rederij Amstelland BV, Rotterdam, **ORANJE A**; 1994 Vof. D.C. Hovestad Jj., Werkendam, **DIRK SR.**; 2000 D. Driessen, Rotterdam, **MARIA-D**; 2000 J. Boerman, Hardinxveld, **LINQUENDA**; 2006 Vof. Kamperzand (M.C. Peggeman), Kampen, **KAMPERZAND**.

Motorgüterschiff ORANJE A im Oktober 1989.

Einschraubenmotorgüterschiff **ORANJE B**

1971 / Ph. Ebert & Söhne, Neckarsteinach (aus 199–207) / 1971: 1.050 PSe; 85,0 x 9,5 m; ….: zusätzlich Bugstrahl: 165 PSe; 105,0 x 9,5 m

Erbaut für Jakob & Ludwig Götz KG, Neckarsteinach, **GÖTZ XII**; 1984 Amstelland Rederij BV, Rotterdam, **ORANJE B**; 1993 J.P.J. Pruijn, Rotterdam; 1999 T. de Winter, Evergem, **LOMA**; 2005 A. van Praet, Merksem, **ROMANIA-G**.

Motorgüterschiff ORANJE B am 30. September 1995.

Einschraubenmotorgüterschiff **ORANJE C**

1971 / Ph. Ebert & Söhne, Neckarsteinach (aus 199–207) / 1971: 1.200 PSe; 85,0 x 9,5 m; ….: zusätzlich Bugstrahl 187 PSe; 105,1 x 9,5 m

Erbaut für Karl und Ludwig Seibert, Neckargemünd, **LINDENFELS**; 1986 Amstelland Rederij BV, Rotter-
dam, **ORANJE C**; 1992 J.J. Pruyn, Tilburg; 1994 Motorschip Arjo BV (J.J. Pruyn), Tilburg, **ARJO**; 1995 P. van
Werkhoven, Gendt, **MATURITAS**; 2001 Vof. Philos (Leeuwenstein), Dordrecht, **PHILOS**; 2006 Vof. Visser-
Diana, Leuwaarden, **JACOB-HESSEL**; 2018 . , **ABSOLUT**.

Motorgüterschiff ORANJE C am 5. August 1986.

Motorgüterschiff ORANJE C am 19. August 1988.

5.3 Motortankschiffe

Einschraubenmotortankschiff **ORANJE 17**

1958 / Bayerische Schiffbauges. m.b.H. (vorm. Schellenberger), Erlenbach (884) / 1958: 420 PSe; 57,5 x
7,5 m, 19..: 560 PSe; 80,0 x 7,5 m, 19..: 940 PSe; 85,0 x 7,5 m

Erbaut für Brandstoffenhandel en Reederij NV, Amsterdam; 1960 Amstelland Rederij BV, Amsterdam;
1969 F. Straub, Würzburg, **THERESE STRAUB**; 19.. T. Zoller & T. Driessen, Marktheidenfeld, **ELINIC**; 1993
Hermina Tankvaart, Marktheidenfeld; 1993 P. Landa, Hoogerheide, **NICOLE**; 1997 Plouvier Rederij NV,
Antwerpen, **CLAUDINE**; 1999 J. Börschers, Weener, **CLAUDIA-JULIA**; 2009 abgewrackt.

Motortankschiff ORANJE 17 am 1. Mai 1960 auf dem Main in Frankfurt.

Motortankschiff ORANJE 17 am 27. Mai 1969 auf dem Main bei Flörsheim.

Einschraubenmotortankschiff **ORANJE 18** / ⇢ S. 61
1957 / Christof Ruthof, Mainz-Kastel (1419) / 600 PSe; 1957: 66,8 x 8,2 m, ….: 700 PSe; 84,8 x 8,2 m
Erbaut für Brandstoffenhandel en Reederij NV, Amsterdam; 1975 Reederei „Braunkohle" GmbH, Wesseling, **UNION I** (II); 1981 W. Dewald, Aplenrod; 2012 Adam Sobolewski Tankschifffahrt, Gartz.

Motortankschiff ORANJE 18 am 10. September 1967 in Ludwigshafen.

Doppelschraubenmotortankschiff **ORANJE 11** (II)
1973 / Hilgers AG, Rheinbrohl (1860) / 1973: 2 x 800 = 1.600 PSe, ….: 2 x 1.280 = 2.560 PSe; 108,0 x 11,4 m
Erbaut für Amstelland Rederij BV, Amsterdam; 1981 C. Caron, Boom; 1981 Neder BV, Rotterdam, **ORAN**;
1984 C.M.C. Claus, Rotterdam; 1984 Fokko Scheepvaart Maatschappij BV, Rotterdam; 1984 Slokkers Handel & Scheepvaartbedrijf BV, Zwijndrecht; 1987 Maldex Nederland BV, Rotterdam; 1989 Inverdo BV,
Dordrecht; 1990 Tavado Tankvaart BV, Dordrecht; 1996 Fokko Scheepvaart Maatschappij BV, Rotterdam;
1998 A. Steentjes BV, Maassluis, **MERCATOR I**; 1999 Merant Trading BV in Hendrik-Ido-Ambacht; 2000
A. Uitenboogaard, Rotterdam, **L' ALZETTE**; 2000 Rheintrans GmbH & Co. KG, Dessau; 2001 C. Landa,
Dessau, **LIJEANNE**; 2005 E. Guerin Tankschiffahrt, Dessau, **ENNILERO**; 2008 Intertank GmbH & Co. KG,
Duisburg, **BIANCA**; 2012 Dunaj Intertrans, Bojnice (SK), **DIT MAIN CARRIER**.

ORANJE 11 (II) 1973 im Hafen Koblenz-Wallersheim.

Doppelschraubenmotortankschiff **ORANJE 12** (II)
1973 / Hilgers AG, Rheinbrohl (1861) / 2 x 800 = 1.600 PSe; 107,8 x 11,4 m
Erbaut für Amstelland Rederij BV, Amsterdam; 1984 Bollaert (Lisca Leasing AG, Zürich), **ROMANIE**; 1999
Bollaert (Calleas AG, Basel); 2000 Navirom AG, Basel; 2009 Exho Shipping BV, Raamsdonksveer,
VALENCIA; 2014 abgewrackt.

ORANJE 12 (II) am 16. August 1976 in Ludwigshafen.

Einschraubenmotortankschiff **ORANJE 13**
1972 / Hermann Sürken, Papenburg (244) / 1972: 1.000 PSe, 80,0 x 9,0 m; ....: 1.443 PSe, 104,7 x 9,0 m
Erbaut für Keyner Reedereikontor GmbH + Co. KG, Berlin, **HAVEL**; 1975 Amstelland Rederij BV, Amsterdam, **ORANJE 13**; 1994 Brabo Luxemburg SARL (RSB Logistiek), Grevenmacher, **UNION B**; .... Jean
Claude Gaudry, Antwerpen; 2008 Jaegers Reederei GmbH, Aschaffenburg, **EILTANK 29**.

ORANJE 13 am 10. Februar 1990 in Andernach.

Motortankschiffe ORANJE 13 und ORANJE 14 am 24. Dezember 1987 im Hafen Koblenz-Wallersheim.

Einschraubenmotortankschiff **ORANJE 14**

1972 / Hermann Sürken, Papenburg (245) / 1972: 1.000 PSe, 80,0 x 9,0 m; 19..: 104,9 x 9,0 m
Erbaut für Keyner Reedereikontor GmbH + Co. KG, Berlin, **SPREE**; 1973 Reederei „Braunkohle" GmbH, Wesseling, **ORANJE 14**; 1975 Amstelland Rederij BV, Amsterdam; 1985 Amstelland Rederij BV, Rotterdam; 1999 RW Beteiligung GmbH, Köln; 2004 Vof. Liberty, Zwijndrecht, **MAJESTIC**; 2013 Neerlandic Shipping BV, Deurne.

Motortankschiff ORANJE 14 am 26. September 2003 unter Flagge der RW Beteiligung GmbH, Köln.

Einschraubenmotortankschiff **ORANJE 15** (II)

1962 / Schiffswerft Oberwinter, Oberwinter (180) / 800 PSe; 1962: 80,0 x 9,5 m, 19..: 109,7 x 9,5 m
Erbaut für Ritaro Riviertankvaart BV, Rotterdam, **TANKVAART 21**; 1987 Rederij Amstelland BV, Rotterdam, **ORANJE 15**; 1993 Brabo Luxemburg SARL (RSB Logistic), Ehnen.

ORANJE 15 (II) am 11. Mai 1990 bei Weißenthurm.

ORANJE 15 (II) im Mai 1987.

Einschraubenmotortankschiff **ORANJE 16** ⇨ S. 60, 63

Motortankschiff ORANJE 16 am 13. August 1966.

Motortankschiff **ORANJE 21** ⇨ **UNION IV** (II) / S. 60, 63

Motortankschiff ORANJE 21 am 13. August 1978 in Mannheim.

5.4 Schleppkähne

Name	Baujahr	Bauwerft	Abmessungen [m]	Bemerkungen
ORANJE 1 (I)	1922	Schram, Bolnes	97,3 x 11,5	
ORANJE 2 (I)	1922	Bayer. Schiffbauges., Erlenbach	88,6 x 10,2	
ORANJE 3 (I)				
ORANJE 4 (I)				
ORANJE 4 (II)	1926	De Groot & van Vliet, Slikkerveer	78,9 x 9,5	ex NELLY ex DAMCO 38; ab 1949 bei Reederei; 1969 SCHWABEN 1
ORANJE 5 (I)	1922	Bayer. Schiffbauges., Erlenbach	88,6 x 10,2	Kriegsverlust
ORANJE 5 (II)	1927	van Duijvendijk, Papendrecht	79,9 x 9,5	ex RHENUS
ORANJE 6	1924	Schram, Bolnes	90,3 x 11,5	1958 Malm Handel & Transport Maatschappij NV, Rotterdam, MALM 3
ORANJE 7				Kriegsverlust
ORANJE 8	1924	. , Stormpolder	103,5 x 13,1	
ORANJE 9				
ORANJE 10	1931	Christof Ruthof, Mainz-Kastel	108,8 x 11,9	
ORANJE 11 (I)				
ORANJE 12 (I)	1926	. , Slikkerveer	78,9 x 9,5	ex HEINCOR

Schleppkahn ORANJE 3 (I) quergeschlagen am 7. Juni 1937.

Schleppkahn ORANJE 3 in den 1950er-Jahren in Hei̇lbronn.

Schleppkahn ORANJE 4 (II).

Schleppkahn ORANJE 7.

Schleppkahn ORANJE 8 am 21. September 1954.

Schleppkahn ORANJE 9 am 13. März 1950.

5.5 Schubleichter

Name	Baujahr	Bauwerft	Abmessungen [m]
ORANJE 1 (II)	1970	Ruhrorter Schiffswerft, Duisburg	76,5 X 11,4
ORANJE 2 (II)	1970		
ORANJE 3 (II)	1970		
ORANJE 4 (III)	1971	GHH / Rheinwerft Walsum	
ORANJE 5 (III)	1971		
ORANJE 31	1974	Ruhrorter Schiffswerft, Duisburg	
ORANJE 32	1974	Ruhrorter Schiffswerft, Duisburg	76,5 X 11,4
ORANJE 33	1981	De Biesbosch, Dordrecht	
ORANJE 34	1981		
ORANJE 35	1981		
ORANJE 36	1981		
ORANJE 37	1981		
ORANJE 38	1981		

Schubleichter ORANJE 31 im April 1991 in Duisburg-Ruhrort.

Schiffe der Union Schweizerische Briket-Import-Gesellschaft, Zürich / Allgemeine Kohlenhandels AG, Basel

6.1 Motorgüterschiffe

Doppelschraubenmotorgüterschiff **FELIX**
1953 / Christof Ruthof, Mainz-Kastel (1371) / 2 x 450 = 900 PSe; 85.3 x 9,2 m
Erbaut für Union Schweizerische Briket-Import-Gesellschaft, Zürich, HO: Basel; 1975 Damco Schiffahrt
Speditions AG, Rotterdam, **DAMCO 265**; 1975 Hat Scheepvaartbedrijf BV, Zwijndrecht; 1975 L.J.
Peicksma, Spijkenisse, **FELIX**; 1981 L.E.L. Blommaert, Burcht, **SCORPIO**; 1996 D. Zuidam, Rotterdam,
PARMA; 2006 SC Comision Trade S.R.L., Braila.

Motorgüterschiff FELIX um 1953/54 in Mannheim auf dem Neckar.

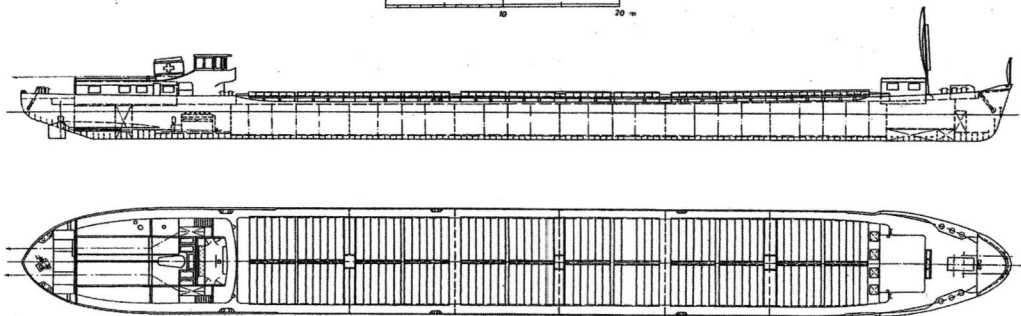

Generalplan Motorgüterschiff FELIX.

FELIX, Ende der 1950er-Jahre an der Loreley.

Doppelschraubenmotorgüterschiff **REGULA**
1953 / Christof Ruthof, Mainz-Kastel (1372) / 2 x 450 = 900 PSe, später 2 x 966 = 1.932 PSe, zusätzlich Bugstrahl: 320 PSe; 1953: 85,3 x 9,2 m, später 110,0 x 9,2 m
Erbaut für Union Schweizerische Briket-Import-Gesellschaft, Zürich, HO: Basel; 1975 Damco Schiffahrt
Speditions AG, Rotterdam, **DAMCO 266**; 1975 Hat Scheepvaartbedrijf BV, Zwijndrecht, **KWART I**; 1975
H.G.M. Hulsman, Maasbracht, **MARIA-H**; 1986 J.E.M. Kartner, Maastricht, **MA BAKER**; 1999 **CALCIT 3**;
2008 Vof. Voyager (Fam. Boer), Maasbracht.

Motorgüterschiff REGULA am 8. Mai 1954 bei Bad Salzig.

Bauschild REGULA.

Doppelschraubenmotorgüterschiff **ST. ALBANTOR**
1959 / Kampen Scheepswerf, Kampen / 2 x 500 = 1.000 PSe; 79,9 x 9,5 m
Erbaut für Allgemeine Kohlenhandels AG , Basel; 1967 Zürich Reederei AG, Basel, **HALLWILERSEE**; 1984
Ultra Brag AG, Basel, **MÜHLENBERG II**; 1991 Zuiddam Scheepvaartbedriif Vof., Rotterdam, **STRANGER**;
2004 (Frankreich), **SINAI**.

ST. ALBANTOR tief abgeladen am 18. Juli 1959 in Mannheim.

6.2 Motortankschiffe

Einschraubenmotortankschiff **GALLUS UNION XI**
1958 / Ewald Berninghaus, Köln-Deutz (757) / 750 PSe; 67,0 x 8,2 m
Erbaut für Union Schweizerische Briket-Import-Gesellschaft, Zürich, HO: Basel; 1967 Damco Schiffahrt
AG, Basel, **DAMCO 278**; 1977 **NEDLLOYD 18**; 1984 Nedlloyd Rijn & Binnenvaart BV, Rotterdam; 1988
Westhinder BV, Koudekerke, **KIL**.

*Motortankschiff
GALLUS UNION
XI am 13. Sep-
tember 1959 in
Ludwigshafen.*

Einschraubenmotortankschiff **URSULA UNION XII**
1958 / Ewald Berninghaus, Köln-Deutz (756) / 750 PSe; 67,0 x 8,2 m
Erbaut für Union Schweizerische Briket-Import-Gesellschaft, Zürich, HO: Basel; 1967 Damco Schiffahrt AG,
Basel, **DAMCO 279**; 1977 **NEDLLOYD 19**; 1984 Nedlloyd Rijn & Binnenvaart BV, Rotterdam; 1986 Maasbracht Scheepvaartmaatschappij BV, Maasbracht; 1987 Leenman BV, Sliedrecht; 1994 Rapide Machinebu-
reel, Heide Kalmthout, **RAPIDE VI**; 1998 Rapide Bureel, Kalmthout, **VIVALDI**; …. Michand NV, Antwerpen;
2005 Rapide bvba, Antwerpen, **WALL STREET**; 2006 Anjutra, Antwerpen; 2012 . , Nigeria.

*Decksansicht
Motortankschiff
URSULA UNION
XII in Wesseling.*

Quellen und Literatur

Binnenschiffsregister der Amtsgerichte Hamburg, Köln, Magdeburg.

Verzeichnis: Französische vermietete Schiffe für den Rhein (Archiv Theodor Dorgeist).

BETZ, HELMUT: *Erloschene Namen großer Rheinreedereien : Reederei Braunkohle.* In: Navalis 1/2011 S. 17–19.

DRESSEL, F.: *Rheinschleppdampfer „Koningin Wilhelmina" („Oranje IV") der N.V. Brandstoffenhandel en Reederij, Rotterdam.* In: Werft, Reederei. Hafen. Bd. 8 (1927) S. 211–214.

GRÖNER, ERICH: *Die deutschen Kriegsschiffe 1815–1945.* Bd. 6, 7 und 8/1. Koblenz 1989, 1990 und Bonn 1993.

HOHMANN, HERBERT: *MS „Felix" : Doppelschrauben-Motorgüterschiff für den Briketttransport in der Baselfahrt.* In: Hansa Bd. 90 (1953) S. 1927–1930.

INTERNATIONALE VEREINIGUNG DES RHEINSCHIFFSREGISTERS (HRSG.): *Internationales Rheinschiffsregister 1951–2001* [incl. Nachträge 1953–1969]. Strasbourg, Rotterdam, Frankfurt a. M. [ab 1981 Rotterdam] 1951–2001.

LENTJES, ARIE UND TEUN DE WIT: *Radersleepboten : de Krachtpatsers van de Rijn.* Rotterdam 2002.

MEYER, GÜNTHER: *Binnenschiffe zwischen Elbe und Oder, Ostsee und Sächsischer Schweiz : Versuch eines historischen Verzeichnisses maschinengetriebener Binnenschiffe 1816 bis 1990.* Hamburg, Berlin 1994.

NAPP-ZINN, A. F.: *Rheinschiffahrt 1913–1925.* Berlin 1925.

PETERSE, COCK: *Reederei Braunkohle GmbH.* In: Lekko Nr. 356 (Mai 2015) S. 107–110.

RHEINSCHIFFS-REGISTER-VERBAND (HRSG.): *Rheinschiffs-Register 1896 (10. Ausg.) – 1935 (22. Ausg.)* [incl. Nachträge 1912–1943]. Frankfurt a. M. 1910–1943.

SCHUTH, GERD: *Schleppdampfer auf dem Mittelrhein.* Erfurt 2014.

SCHUTH, GERD: *Motorschlepper auf dem Rhein : Von Basel bis Rotterdam.* Erfurt 2018.

SCHWARZ, BERND: *Binnenschiffe zwischen Ostpreussen und Schlesien : Versuch eines historischen Verzeichnisses maschinengetriebener deutscher Binnenschiffe bis 1945.* 5. Aufl. Cuxhaven 2016.

SYMPHER, (LEO): *Die Wasserwirtschaft Deutschlands und ihre neuen Aufgaben.* Bd. II. Berlin 1921.

N. N.: *Talfahrt des SB „Oranje I" mit 6 Leerleichtern.* In: Binnenschiffahrts-Nachrichten Bd. 30 (1975) vom 30.7.1975.

WEISZ, J. UND R. TÜRK: *Das Flettner-Ruder in der Binnenschiffahrt.* In: Schiffbau Bd. 25 (1924) S. 390–395.

WEISZ, (J.): *Zeitfragen des Rheinschiffahrts- und Hafenumschlagwesens unter besonderer Berücksichtigung des Braunkohlenbriketts als Umschlags- und Transportgut.* In: Schiffbau Bd. 26 (1925) S. 188–191, 219–224.

ZANDER, THOMAS (= HELMUT DÜNTZSCH): *Zum Bau von Schleppdampfern für den Rhein durch die Werft Gebr. Sachsenberg.* In: Mitteilungen aus dem Museum der Deutschen Binnenschiffahrt Duisburg-Ruhrort 1984.

www.binnenschifferforum.de; www.binnenvaart.eu; www.debinnenvaart.nl; https://de.wikipedia.org/wiki/Adolf_Silverberg;

Register der Schiffsnamen

Das Register beinhaltet alle im Text erwähnten Schiffsnamen mit zugehörigen Baujahren. Namen, die nicht in unmittelbarem Zusammenhang mit dem behandelten Schiff stehen, sind nicht genannt. Die Schiffsnamen VEREINIGUNGSGESELLSCHAFT RHEINISCHER BRAUN-KOHLENBERGWERKE M.B.H. NO. .. sind als V.R.B.W. NO. .. abgekürzt.